Círculo Rojo

ECONOMÍA SOCIAL Y SOSTENIBILIDAD EN ESPAÑA

ECONOMÍA SOCIAL Y SOSTENIBILIDAD EN ESPAÑA

Ivo Javier Checa Fernández

Círculo Rojo
EDITORIAL

Primera edición: noviembre 2025

ISBN: 979-13-7023-994-7
Impresión y encuadernación: Editorial Círculo Rojo

© Del texto: Ivo Javier Checa Fernández
© Maquetación y diseño: Equipo de Editorial Círculo Rojo

Editorial Círculo Rojo
www.editorialcirculorojo.com
info@editorialcirculorojo.com

Impreso en España - Printed in Spain

Índice

Índice

Introducción

La humanidad se enfrenta en el siglo XXI a una encrucijada decisiva. El cambio climático, la desigualdad social, la inestabilidad económica y la transformación tecnológica plantean retos de enorme magnitud que cuestionan los fundamentos mismos de los modelos de desarrollo vigentes. En este contexto, la economía social y la sostenibilidad emergen como dos propuestas complementarias que ofrecen un horizonte alternativo: un sistema económico en el que la eficiencia productiva conviva con la justicia social y el respeto a los límites ecológicos del planeta.

España, como parte de la Unión Europea y de la comunidad internacional, no es ajena a estos desafíos. Su experiencia reciente muestra avances significativos en la consolidación de la economía social —cooperativas, mutualidades, fundaciones y asociaciones que colocan a las personas por encima del capital— y en la transición hacia un modelo más sostenible, con hitos como la expansión de las energías renovables o la aprobación de la Ley de Cambio Climático y Transición Energética. Al mismo tiempo, las debilidades estructurales de su mercado laboral, la persistencia de desigualdades y los problemas de gestión de recursos naturales revelan que la transición hacia la sostenibilidad está lejos de completarse.

Este libro se propone analizar, desde una perspectiva académica y crítica, la intersección entre economía social y sostenibilidad en España. Para ello, se estructura en ocho capítulos que abordan:

- Los fundamentos conceptuales de la economía social y su evolución histórica.
- La economía del bienestar y la necesidad de medir el progreso más allá del PIB.
- El desarrollo sostenible y la economía verde en la experiencia española reciente.
- El marco de políticas públicas, su eficacia y sus limitaciones.
- La comparación entre el caso español y experiencias internacionales en Europa, América Latina, Asia y África.
- Los indicadores económicos, sociales y medioambientales que permiten evaluar los avances y desafíos.
- El debate crítico entre eficiencia y equidad, y su integración en la noción de sostenibilidad.
- Finalmente, una síntesis de conclusiones que plantea el futuro de España en esta transición.

La tesis que recorre las páginas de esta obra es clara: la sostenibilidad y la economía social no son dimensiones accesorias, sino condiciones imprescindibles para construir un modelo de desarrollo viable y justo. España dispone de fortalezas notables para avanzar en este camino, pero también enfrenta obstáculos que exigen reformas profundas y una visión de largo plazo.

Este libro está concebido no solo como una reflexión académica, sino también como una herramienta para el debate social y político. En tiempos de incertidumbre, resulta urgente repensar las bases del progreso y explorar vías de desarrollo que aseguren prosperidad económica, justicia social y respeto ambiental para las generaciones presentes y futuras.

Prólogo

Escribir sobre economía social y sostenibilidad en España no es un ejercicio meramente académico: es una reflexión urgente sobre nuestro presente y una invitación a imaginar el futuro. En un mundo marcado por la crisis climática, las desigualdades sociales y la incertidumbre económica, resulta imprescindible repensar cómo producimos, consumimos y compartimos los recursos que sostienen nuestra vida en común.

La economía social nos recuerda que existen formas de organizar la actividad económica que ponen a las personas por delante del capital, que priorizan la cooperación frente a la competencia y que refuerzan los lazos comunitarios. La sostenibilidad, por su parte, nos advierte de que no hay desarrollo posible si se destruyen los ecosistemas que lo hacen viable. Unir ambas dimensiones es el reto de nuestra época, y también una oportunidad histórica para construir un modelo más justo, resiliente e inclusivo.

Este libro nace con una doble vocación: contribuir al debate académico y ofrecer herramientas de reflexión a quienes, desde la política, la empresa o la sociedad civil, buscan caminos alternativos de desarrollo. No pretende dar respuestas cerradas, sino abrir preguntas y estimular el diálogo en torno a un tema que nos concierne a todos: cómo crecer sin dejar a nadie atrás y sin hipotecar el futuro de las próximas generaciones.

Quiero agradecer a quienes, desde el ámbito educativo, cooperativo, institucional y social, trabajan día a día por demostrar que otra economía no solo es posible, sino que ya está en marcha. Este libro es también un homenaje a esas experiencias que, muchas veces desde el anonimato, construyen sostenibilidad y justicia desde lo local.

Invito al lector a recorrer estas páginas con espíritu crítico y abierto, porque el debate sobre economía social y sostenibilidad no pertenece solo a los economistas o a los políticos: nos pertenece a todos como ciudadanos.

Agradecimientos

Este libro no habría sido posible sin la colaboración, directa o indirecta, de numerosas personas e instituciones que, con su trabajo y compromiso, inspiran a diario la reflexión sobre economía social y sostenibilidad.

Quiero expresar mi gratitud, en primer lugar, a mis colegas y estudiantes, cuyo interés y espíritu crítico me han impulsado a seguir investigando y profundizando en estas cuestiones. Las conversaciones en el aula, los debates y las preguntas incómodas han sido, sin duda, una de las principales fuentes de motivación para emprender este proyecto.

Agradezco también a las organizaciones de la economía social —cooperativas, mutualidades, asociaciones y fundaciones— que, con su ejemplo cotidiano, demuestran que es posible gestionar la economía desde principios de solidaridad, democracia y compromiso social. Ellas representan la prueba viva de que los conceptos aquí analizados no son meras abstracciones académicas, sino realidades que transforman vidas y territorios.

Del mismo modo, reconozco la labor de las instituciones públicas y de los investigadores que, desde diferentes disciplinas, trabajan por aportar evidencia, diseñar políticas más justas y situar la sostenibilidad en el centro del debate social.

Finalmente, mi agradecimiento más personal va dirigido a mi familia y a mis amigos, por su paciencia, apoyo y confianza incondicional a lo largo de este proceso. Sin ellos, este libro no habría encontrado la serenidad y la fuerza necesarias para llegar a buen puerto.

Este texto es, en última instancia, un esfuerzo colectivo. A quienes creen que otra economía es posible y trabajan día a día por hacerla realidad, les dedico estas páginas con la esperanza de que contribuyan, aunque sea modestamente, a ese horizonte compartido.

Capítulo 1:

Concepto de economía social.

La economía social se presenta hoy como una de las alternativas más sólidas para responder a los desafíos de desigualdad, sostenibilidad y cohesión social. A diferencia de la empresa capitalista tradicional, que busca maximizar beneficios, o de la administración pública, cuyo mandato es garantizar servicios universales, la economía social combina elementos de ambos mundos: actúa en el mercado, pero con objetivos sociales explícitos.

En España, este ámbito no solo es relevante desde una perspectiva teórica, sino que representa una realidad empírica significativa, con más de 43.000 entidades y alrededor de 2,2 millones de empleos directos e indirectos. Su papel se acentúa en el ámbito rural, en sectores de servicios de proximidad y en actividades emergentes como la transición energética comunitaria.

1.1. Definición y rasgos fundamentales.

La economía social constituye un ámbito singular dentro de las actividades productivas modernas, pues no se sitúa en los márgenes de la economía formal, ni se limita a ser una forma de filantropía, ni puede identificarse plenamente con la empresa capitalista clásica. Su esencia radica en articular el dinamismo económico con fines sociales explícitos, otorgando un protagonismo central a las personas y a la comunidad frente al capital.

En España, la referencia jurídica fundamental es la Ley 5/2011 de Economía Social. Esta norma no solo aporta una definición clara, sino que reconoce a este conjunto de entidades como un sector con identidad propia, con valores diferenciados respecto a la lógica empresarial tradicional. El texto legal establece que forman parte de la economía social aquellas organizaciones privadas que, mediante actividades económicas y empresariales, persiguen el interés colectivo de sus integrantes o el interés general económico y social. A partir de esta premisa, se desprenden varios principios rectores que caracterizan el sector: la primacía de las personas sobre el capital, la gestión democrática y participativa, la distribución equitativa de los excedentes y el compromiso con la cohesión social y territorial.

Estos principios no son simples declaraciones formales, sino que se reflejan en la vida cotidiana de miles de cooperativas, sociedades laborales, mutualidades, fundaciones o asociaciones que operan en España. Una cooperativa agroalimentaria de La Mancha que decide reinvertir parte de sus beneficios en modernizar instalaciones y destinar otra parte a servicios comunitarios para sus socios; una fundación que organiza programas educativos en barrios vulnerables de Madrid; o una mutualidad que ofrece cobertura sanitaria a profesionales autónomos, todas ellas responden a una lógica empresarial que combina sostenibilidad económica con un compromiso explícito con la equidad y la solidaridad.

Conviene subrayar que la economía social no se define tanto por el sector en el que actúa como por los valores que la inspiran. Existen cooperativas industriales en el País Vasco, entidades financieras cooperativas en Cataluña, iniciativas de inclusión laboral en Andalucía o asociaciones de servicios sociales en Galicia. La heterogeneidad de ámbitos no impide reconocer un hilo conductor común: todas priorizan la dignidad del trabajo y el interés colectivo frente a la maximización individual de beneficios.

La economía social, por tanto, constituye un tercer espacio entre la empresa privada tradicional y el sector público. Se diferencia de la primera porque no persigue exclusivamente la rentabilidad económica y de la segunda porque no se limita a gestionar recursos públicos bajo mandato político. Es un terreno híbrido que combina mercado, solidaridad y democracia, y que, en los últimos años, ha adquirido un creciente protagonismo en el debate sobre modelos de desarrollo sostenibles e inclusivos.

A fecha 2025, podemos encontrar numerosas tipologías respecto a las entidades de economía social en España:

Ilustración 1: Tipos de entidades de economía social en España.

Tipo de entidad	Definición	Ejemplos en España
Cooperativas	Empresas de propiedad conjunta y gestión democrática, orientadas a las necesidades de sus socios.	Mondragón Corporación, Consum, Cajamar.
Mutualidades	Entidades sin ánimo de lucro que ofrecen servicios de previsión, seguros o asistencia a sus miembros.	Mutua Madrileña, Mutualidad General de la Abogacía.
Fundaciones	Organizaciones con patrimonio afectado a fines de interés general, sin ánimo de lucro.	Fundación La Caixa, Fundación ONCE.
Asociaciones	Agrupaciones voluntarias de personas para fines sociales, culturales o comunitarios.	Cruz Roja Española, asociaciones de vecinos.
Empresas de inserción	Empresas que buscan integrar laboral y socialmente a personas en riesgo de exclusión.	Fundación El Buen Samaritano, empresas de inserción textil y de reciclaje.
Centros especiales de empleo	Empresas que emplean a personas con discapacidad, promoviendo su integración en el mercado laboral.	Ilunion, Grupo Sifu.
Sociedades laborales	Empresas en las que la mayoría del capital pertenece a los trabajadores.	Teleco de Socios, ejemplos en el sector industrial y de servicios.

1.2. Evolución histórica en Europa y en España.

La economía social, aunque en la actualidad cuente con reconocimiento jurídico y político, hunde sus raíces en procesos históricos de larga duración. No se trata de un fenómeno reciente, sino del resultado de una evolución que comienza en los albores del capitalismo industrial y que ha sabido adaptarse a las transformaciones sociales y económicas de cada época.

En Europa, las primeras manifestaciones organizadas de economía social aparecen en el siglo XIX, en un contexto marcado por la Revolución Industrial, la migración masiva del campo a la ciudad y la precariedad laboral. Las cooperativas de consumo de Rochdale, fundadas en 1844 en Inglaterra, son un hito fundacional: un grupo de trabajadores textiles decidió unirse para comprar alimentos de calidad a precios justos, estableciendo principios de funcionamiento democrático que hoy siguen vigentes en el cooperativismo internacional. Al mismo tiempo, en Francia y Alemania florecieron mutualidades y asociaciones de socorro mutuo, orientadas a ofrecer cobertura frente a riesgos de enfermedad, desempleo o vejez en un momento en el que el Estado aún no había consolidado sistemas de protección social.

España no fue ajena a esta ola de iniciativas. Desde mediados del siglo XIX surgieron experiencias de cooperativismo agrícola y obrero, inspiradas en los ideales de solidaridad y autogestión. En zonas rurales, las cooperativas se convirtieron en instrumentos clave para mejorar la comercialización de la producción agraria y garantizar precios más justos a los pequeños productores. En las ciudades industriales, por su parte, aparecieron sociedades de socorro mutuo y cooperativas de producción que intentaban mitigar las duras condiciones de los trabajadores.

El siglo XX consolidó este entramado. Tras la Guerra Civil, el régimen franquista restringió la autonomía de las cooperativas y las integró en estructuras corporativas, aunque paradójicamente su número creció en algunos sectores agrarios. Con la llegada de la democracia y la Constitución de 1978, la economía social adquirió un nuevo impulso. La descentralización autonómica facilitó la aprobación de leyes propias de cooperativas, mientras que la integración en la Comunidad Económica Europea en 1986 abrió la puerta a fondos y programas de apoyo.

La Ley 5/2011 de Economía Social supuso un punto de inflexión al reconocer formalmente a este sector como un conjunto específico y diferenciado dentro de la economía española. Desde entonces, la economía social se ha expandido tanto en número de entidades como en relevancia política, hasta el punto de que España se ha convertido en uno de los países europeos más activos en la promoción de este modelo. Ejemplos como la Corporación Mondragón, con presencia internacional en sectores tan diversos como la industria, la educación o las finanzas, muestran la capacidad del cooperativismo español para competir globalmente sin renunciar a sus principios fundacionales.

En paralelo, la economía social se ha ido alineando con las transformaciones globales del siglo XXI. La crisis financiera de 2008 y sus consecuencias sociales impulsaron un renovado interés por formas empresariales más resilientes y comprometidas con el territorio. Más recientemente, los debates sobre sostenibilidad y transición ecológica han reforzado su papel como alternativa frente a modelos económicos cortoplacistas y depredadores de recursos.

En definitiva, la evolución histórica de la economía social demuestra que no estamos ante un fenómeno coyuntural ni marginal, sino ante una tradición con más de un siglo y medio de experiencia en Europa y España, que ha sabido reinventarse en cada coyuntura y que hoy aparece como un actor imprescindible en la construcción de sociedades más justas y sostenibles.

1.3. Marco jurídico e institucional.

El reconocimiento de la economía social en España no puede entenderse sin atender al entramado jurídico e institucional que le da soporte. Durante décadas, las entidades que hoy integran este sector —cooperativas, mutualidades, asociaciones, fundaciones o sociedades laborales— existían de forma dispersa, reguladas por normativas específicas y sin una consideración común. Fue necesario un largo proceso de maduración para que se consolidara un marco legal que las identificara como parte de un mismo ámbito socioeconómico.

El armazón jurídico de la economía social en España se estructura en tres niveles:

a) Nivel estatal.

La Ley 5/2011, de Economía Social, es la norma de referencia. Define a la economía social como "el conjunto de actividades económicas y empresariales que, en el ámbito privado, persiguen el interés colectivo de sus integrantes o el interés general económico o social". Reconoce expresamente a cooperativas, sociedades laborales, mutualidades, centros especiales de empleo, empresas de inserción, cofradías de pescadores, asociaciones y fundaciones, además de abrir la puerta a nuevas fórmulas. Además de esta ley marco, existen normas específicas:

- Ley General de Cooperativas (1999), que fija la regulación básica.
- Ley de Sociedades Laborales y Participadas (2015).
- Normativa de fundaciones (2002) y asociaciones (2002).
- Legislación laboral y fiscal específica con beneficios para empresas de inserción o cooperativas de trabajo asociado.

b) Nivel autonómico.

Cada comunidad autónoma dispone de su propia ley de cooperativas y, en algunos casos, de normativa específica para entidades de economía social. Por ejemplo:

- País Vasco (2013): regula cooperativas con especial énfasis en la intercooperación y en la dimensión internacional (ejemplo: Grupo Mondragón).
- Andalucía (2011): impulsa las cooperativas agrarias y de trabajo asociado como motor de empleo rural.
- Cataluña (2015): Ley de la economía social y solidaria, que refuerza también las experiencias de comercio justo y banca ética.

c) Nivel europeo e internacional.

En 2011, la Comisión Europea aprobó la *Social Business Initiative*, que identificó a la economía social como clave para la Estrategia Europa 2020. En 2021, se presentó el Plan de Acción Europeo para la Economía Social, que plantea medidas de financiación, visibilidad y apoyo a ecosistemas nacionales.

Además, la OIT (Organización Internacional del Trabajo) aprobó en 2022 una resolución reconociendo a la economía social como motor de trabajo decente.

En este sentido, el marco institucional de la economía social no se limita a un conjunto de leyes, sino que incluye también organismos y plataformas de representación:

- CEPES (Confederación Empresarial Española de la Economía Social), principal interlocutor ante el Gobierno y la UE.
- CIRIEC-España, centro de investigación que publica datos y estudios.
- Consejos y mesas de diálogo en las comunidades autónomas.

El gran hito en este recorrido lo constituye la Ley 5/2011 de Economía Social, que representó un salto cualitativo al otorgar visibilidad a un sector hasta entonces fragmentado. Esta norma no solo definió a la economía social como un conjunto de entidades privadas con fines sociales, sino que también subrayó sus principios fundamentales: la primacía de las personas sobre el capital, la gestión democrática, la distribución equitativa de los excedentes y el compromiso con el desarrollo local y la cohesión social. Además, la ley reconoce la autonomía de estas organizaciones respecto a los poderes públicos, aunque abre la puerta a que reciban apoyo y estímulo por parte de las administraciones.

El marco jurídico se complementa con las legislaciones autonómicas. La descentralización política española ha permitido que comunidades como Cataluña, el País Vasco o Andalucía dispongan de leyes propias de cooperativas o de fomento de la economía social, adaptadas a sus contextos productivos y sociales. Este pluralismo normativo refuerza la diversidad del sector, aunque al mismo tiempo plantea retos de coordinación para evitar solapamientos y desigualdades regulatorias entre territorios.

En el ámbito institucional, el protagonismo recae en la Confederación Empresarial Española de la Economía Social (CEPES), que actúa como representante de este sector ante las administraciones nacionales e internacionales. Su papel es esencial, no solo en la interlocución política, sino también en la generación de datos, informes y propuestas de política pública. A nivel europeo, la economía social cuenta con un espacio de diálogo consolidado en el Comité Económico y Social Europeo, lo que ha contribuido a impulsar iniciativas comunitarias de apoyo y reconocimiento, especialmente en los últimos años con el Plan de Acción Europeo para la Economía Social.

El respaldo institucional se ha visto reforzado por organismos internacionales. La Organización Internacional del Trabajo (OIT) ha señalado en repetidas ocasiones la relevancia de la economía social como instrumento de creación de empleo digno. Asimismo, la Comisión Europea ha promovido estrategias para fortalecer la financiación, la innovación social y la cooperación transnacional entre entidades del sector.

Todo ello configura un marco jurídico e institucional en expansión, que sitúa a España en una posición destacada dentro de la Unión Europea. Sin embargo, también se hace evidente la necesidad de avanzar hacia un sistema más integrado de indicadores, evaluaciones y políticas que permitan medir de manera rigurosa el impacto de la economía social y garantizar su coherencia con los objetivos de sostenibilidad y cohesión territorial.

1.4. Familias institucionales de la economía social.

La economía social en España es un sector amplio y heterogéneo que agrupa realidades diversas, unidas por los principios de primacía de las personas, gestión democrática y compromiso social. Aunque bajo la misma denominación conviven organizaciones de distinta naturaleza, puede hablarse de varias "familias institucionales" que, a pesar de sus diferencias, comparten una misma lógica de funcionamiento.

Las cooperativas constituyen probablemente la forma más emblemática y reconocida de la economía social. Su esencia radica en la propiedad conjunta y la gestión democrática, bajo la premisa de "una persona, un voto". Las cooperativas han desempeñado un papel crucial en España tanto en el ámbito agrario —garantizando la comercialización de productos, el acceso a mercados y la modernización de explotaciones— como en el industrial y de servicios. La Corporación Mondragón, en el País Vasco, representa el ejemplo más ambicioso de cómo el cooperativismo puede competir a nivel global sin abandonar sus raíces sociales.

Junto a ellas destacan las sociedades laborales, figuras jurídicas singulares en las que los trabajadores poseen la mayoría del capital social. Estas empresas surgieron como respuesta a procesos de reconversión industrial en los años setenta y ochenta, cuando grupos de empleados asumieron el control de compañías en crisis para salvar empleos y mantener la actividad. Hoy en día siguen representando un espacio donde el trabajo prima sobre el capital y la sostenibilidad laboral es el motor de la empresa.

Las mutualidades y mutuas de previsión social constituyen otra rama histórica de la economía social. Nacidas en muchos casos de sociedades de socorro mutuo, su función ha sido ofrecer cobertura frente a riesgos que no estaban garantizados por el Estado o por el mercado privado. En la actualidad, estas entidades se concentran en ámbitos como la previsión complementaria, la asistencia sanitaria o la protección de autónomos y profesionales liberales.

No puede olvidarse tampoco la relevancia de las asociaciones y fundaciones. Aunque en muchos casos su actividad no es estrictamente empresarial, gestionan recursos, prestan servicios y generan empleo. Su lógica es la del interés general y, en España, han adquirido una importancia creciente en sectores como la educación, la asistencia social, la cultura o la cooperación internacional. Muchas de ellas se financian a través de convenios públicos o donaciones privadas, pero aplican criterios de gestión económica que las insertan plenamente en la dinámica de la economía social.

A este conjunto se añaden otras formas reconocidas, como los centros especiales de empleo o las empresas de inserción, que cumplen una función decisiva en la integración laboral de personas con discapacidad o en situación de exclusión social. Estos modelos, apoyados en gran medida por políticas públicas, muestran cómo la economía social se convierte en un instrumento eficaz de cohesión social y territorial.

La pluralidad de entidades revela que la economía social no responde a un único molde organizativo, sino a un ecosistema de fórmulas jurídicas y productivas que tienen en común una visión alternativa de la empresa y de la economía. Cada una de estas familias aporta una respuesta particular a necesidades concretas, pero juntas conforman un tejido económico que refuerza la diversidad y resiliencia del conjunto del sistema productivo.

Hoy en día, nuestro país tiene numerosas instituciones sociales, que de forma gráfica y aproximada podemos ilustrar con el siguiente gráfico:

Ilustración 2: Distribución aproximada de entidades de economía social en España.

Distribución aproximada de entidades de economía social en España

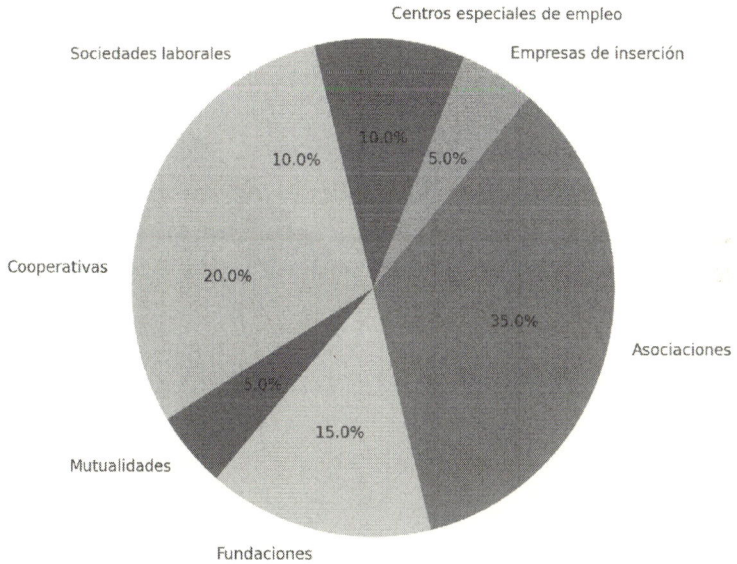

1.5. Gobernanza y financiación.

Uno de los rasgos más característicos de la economía social es su modelo de gobernanza. Frente al principio capitalista de "una acción, un voto", las entidades de economía social funcionan con el criterio de "una persona, un voto", independientemente del capital aportado. Este sistema democrático garantiza la participación en la toma de decisiones y refuerza la cohesión interna, aunque también plantea retos de agilidad y eficacia cuando las organizaciones crecen en tamaño.

La gobernanza democrática genera tres efectos clave:

1. Legitimidad interna: los socios perciben que sus intereses están representados, lo que incrementa la estabilidad de la organización.
2. Control de riesgos: la participación en decisiones estratégicas reduce los conflictos de agencia típicos de las sociedades capitalistas tradicionales.
3. Capital social comunitario: la entidad no solo produce bienes y servicios, sino que refuerza la confianza en la comunidad.

La gobernanza de estas entidades suele sustentarse en órganos colectivos, como asambleas generales y consejos rectores, donde se deliberan y adoptan decisiones que afectan a la vida de la organización. Este sistema busca equilibrar la eficiencia empresarial con la participación de los miembros, evitando la concentración del poder en manos de un pequeño grupo inversor. Aunque este modelo puede implicar procesos de decisión más lentos, también fortalece la cohesión interna, reduce conflictos y fomenta un sentido de pertenencia que difícilmente se observa en las empresas tradicionales.

En paralelo, la financiación representa uno de los mayores desafíos del sector. Al priorizar los fines sociales sobre la maximización del beneficio, muchas entidades de economía social tienen un acceso más limitado al crédito bancario o al capital privado. La rentabilidad que ofrecen suele ser más moderada y estable, lo que en ocasiones desincentiva a los inversores convencionales. Sin embargo, este obstáculo ha impulsado la creación de mecanismos financieros alternativos.

Las entidades de economía social suelen enfrentar limitaciones estructurales: menor acceso al capital riesgo y a grandes inversores, dado que su fin principal no es maximizar beneficios financieros. Sin embargo, cuentan con fuentes específicas:

- Capital social aportado por socios.
- Reservas obligatorias (parte del excedente reinvertido).
- Créditos de banca cooperativa (ejemplo: Cajamar, Laboral Kutxa).
- Programas de financiación pública y europea (Next Generation EU, Fondos Social Europeos).
- Finanzas éticas y de impacto (Triodos Bank, Fiare Banca Ética).

En España destacan instrumentos como las cooperativas de crédito y las cajas rurales, que surgieron precisamente para atender las necesidades de financiación de agricultores, cooperativistas y pequeñas empresas. Estas entidades han desempeñado un papel fundamental en el desarrollo del medio rural, facilitando crédito en condiciones más favorables que la banca comercial. También han aparecido iniciativas de finanzas éticas, como Triodos Bank o Fiare Banca Ética, que canalizan ahorro hacia proyectos sociales, culturales y medioambientales.

El apoyo público resulta igualmente decisivo. Programas de subvenciones, bonificaciones fiscales o líneas de crédito preferente, tanto estatales como autonómicos, han permitido a muchas entidades consolidarse y ampliar sus actividades. Asimismo, el acceso a fondos europeos, especialmente a través de los programas de cohesión y del Plan de Recuperación, está ofreciendo nuevas oportunidades para la financiación de proyectos de innovación social y sostenibilidad.

A pesar de estos avances, persisten limitaciones. Muchas entidades de economía social, especialmente las de menor tamaño, siguen enfrentándose a dificultades para acceder a capital suficiente que les permita innovar o crecer. El reto de los próximos años será consolidar un ecosistema financiero adaptado a las necesidades del sector, que combine apoyo público, banca cooperativa, inversión de impacto y nuevas fórmulas de financiación participativa. Solo de esta manera la economía social podrá desplegar plenamente su potencial en la transición hacia un modelo productivo más inclusivo y sostenible.

En los últimos años, ha ganado relevancia el concepto de capital paciente, es decir, inversiones a largo plazo que no buscan retornos inmediatos sino impacto social y sostenibilidad financiera. También se están desarrollando nuevas fórmulas como los bonos de impacto social o el acceso a programas europeos de apoyo al emprendimiento social (*EaSI*, *InvestEU*).

El desafío es lograr un equilibrio entre solidez financiera y fidelidad a los valores fundacionales. El riesgo de "deriva de misión" (mission drift) aparece cuando una entidad, en busca de financiación, termina subordinando sus objetivos sociales a los económicos.

1.6. Impacto socioeconómico y territorial.

La economía social ha dejado de ser un fenómeno marginal para convertirse en un actor relevante dentro del sistema productivo español. Su presencia no se limita a nichos concretos, sino que se extiende a múltiples sectores —desde la agricultura y la industria manufacturera hasta los servicios sociales, culturales y financieros—, configurando un mosaico de experiencias que contribuyen de manera decisiva tanto al crecimiento económico como a la cohesión social.

Según los últimos datos recopilados por la Confederación Empresarial Española de la Economía Social (CEPES), este sector agrupa en España a más de 43.000 entidades, que en conjunto generan alrededor de 2,2 millones de empleos directos e indirectos. Estas cifras reflejan un peso económico significativo: la economía social representa en torno al 10 % del PIB nacional, una proporción que la sitúa en niveles comparables a otros países europeos con fuerte tradición cooperativa, como Francia o Italia.

La relevancia de la economía social no se mide únicamente en términos cuantitativos. Su aportación cualitativa es igualmente destacable. En el ámbito laboral, se caracteriza por una mayor estabilidad y por una tasa de temporalidad inferior a la del conjunto de la economía española. Además, fomenta la igualdad de género, pues el número de mujeres en puestos de responsabilidad es mayor que en las empresas convencionales. La economía social también actúa como motor de inclusión, ofreciendo oportunidades a colectivos vulnerables a través de empresas de inserción y centros especiales de empleo.

En el plano territorial, estas entidades tienen un impacto especial en las zonas rurales y en municipios de menor tamaño. Allí donde la inversión privada es escasa y los servicios públicos resultan insuficientes, cooperativas, asociaciones y mutualidades garantizan la provisión de bienes básicos, crean empleo y fijan población. En este sentido, la economía social contribuye a combatir la despoblación rural y a fortalecer la cohesión entre territorios.

Las entidades de economía social tienen un fuerte arraigo local, especialmente en zonas rurales o de baja densidad demográfica. En muchos municipios, las cooperativas agroalimentarias y de crédito son el motor principal de la economía local.

- Ejemplo: en Castilla-La Mancha, las cooperativas vitivinícolas concentran gran parte de la producción de vino con Denominación de Origen.
- Ejemplo: en Andalucía, las cooperativas de aceite de oliva han permitido modernizar el sector y mantener empleo en pequeños pueblos.

La resiliencia del sector quedó de manifiesto durante la crisis financiera de 2008 y, más recientemente, en la pandemia de la COVID-19. Mientras muchas empresas tradicionales recortaban empleo o cerraban, numerosas entidades de economía social resistieron mejor el impacto, gracias a su estructura participativa, su enraizamiento en el territorio y su compromiso con los trabajadores y la comunidad. Este comportamiento ha reforzado la percepción de que la economía social constituye no solo una alternativa, sino un modelo empresarial más sostenible y resistente frente a crisis. El empleo en cooperativas suele resistir mejor las crisis: durante la recesión de 2008–2013, mientras el paro general superó el 25 %, el empleo cooperativo cayó solo un 5–6 %.

Más allá del empleo y la producción, estas entidades responden a necesidades no cubiertas por el mercado o el Estado.

- Ejemplo: La Fageda, en Cataluña, integra a personas con discapacidad psíquica mediante una cooperativa agroalimentaria.
- Ejemplo: Alrevés, editorial cooperativa, da visibilidad a autores y temáticas críticas que suelen quedar al margen del mercado.

1.7. Medición del impacto: de la narrativa a la evidencia.

Uno de los grandes desafíos de la economía social consiste en medir su impacto real en la sociedad y en la economía. A diferencia de las empresas convencionales, cuyo rendimiento se evalúa principalmente a través de indicadores financieros como la facturación, el beneficio neto o la rentabilidad sobre la inversión, las entidades de economía social persiguen objetivos más amplios y complejos, que incluyen la inclusión laboral, la cohesión territorial, la igualdad de género o la sostenibilidad ambiental. Traducir estas metas en métricas objetivas constituye un reto tanto metodológico como político.

Indicadores económicos clásicos:

- Empleo generado: número de puestos de trabajo directos e indirectos.
- Contribución al PIB: en torno al 10 % en España, según CEPES y CIRIEC.
- Supervivencia empresarial: las cooperativas presentan tasas de supervivencia a 5 años más altas que las empresas mercantiles tradicionales (alrededor del 60 % frente al 40 %).

En España se han hecho importantes avances en esta dirección. La Confederación Empresarial Española de la Economía Social (CEPES) publica periódicamente informes que recopilan datos sobre empleo, facturación y contribución al PIB. Sin embargo, estas estadísticas, aunque útiles, no bastan para capturar la dimensión cualitativa del sector. Una cooperativa de trabajo asociado que da empleo a personas en riesgo de exclusión o una fundación que ofrece servicios de atención a la dependencia generan un valor social que no siempre queda reflejado en las cuentas de resultados.

De ahí que en los últimos años haya cobrado fuerza la idea de elaborar indicadores de impacto social, inspirados en metodologías internacionales. Algunas entidades aplican ya herramientas como el Balance Social, un instrumento que mide aspectos como la democracia interna, la igualdad de género, la sostenibilidad medioambiental o la implicación comunitaria. Otras recurren a metodologías más sofisticadas, como el Retorno Social de la Inversión (SROI, por sus siglas en inglés), que intenta cuantificar en términos monetarios el valor social y ambiental generado por un proyecto.

Indicadores sociales:

- Inclusión laboral: porcentaje de trabajadores pertenecientes a colectivos vulnerables.
- Participación democrática: número de socios que participan en asambleas y votaciones.
- Equidad de género: presencia de mujeres en puestos directivos y en órganos de gobierno.

La Comisión Europea también ha impulsado avances en este ámbito, especialmente a través del Plan de Acción Europeo para la Economía Social de 2021, que promueve la creación de marcos de medición estandarizados. España, en sintonía con estas directrices, ha comenzado a diseñar sistemas de evaluación que integren indicadores tanto cuantitativos como cualitativos, con el fin de mostrar de manera más transparente la aportación del sector.

La medición del impacto no es un ejercicio meramente técnico, sino que tiene profundas implicaciones políticas y sociales. Disponer de indicadores fiables permite legitimar ante la opinión pública y las administraciones el valor añadido de la economía social, favoreciendo el acceso a financiación, la aprobación de políticas de apoyo y la inclusión del sector en estrategias de desarrollo sostenible. Además, la evaluación rigurosa ayuda a las propias entidades a mejorar su gestión, identificar puntos débiles y reforzar su misión social.

Algunos de los indicadores medioambientales que utilizamos son:

- Huella de carbono de las actividades.
- Porcentaje de energías renovables utilizadas.
- Economía circular: grado de reutilización y reciclaje en procesos productivos.

Resulta imprescindible el empleo de herramientas de evaluación para conocer la evolución del impacto socioeconómico, podemos destacar algunos como:

- SROI (Social Return on Investment): mide el retorno social de la inversión, calculando cuántos euros de valor social se generan por cada euro invertido.
- Indicadores ODS (Objetivos de Desarrollo Sostenible): alinean la actividad de las entidades con las metas de la Agenda 2030.
- Balanced Scorecard adaptado a la economía social: combina indicadores financieros, sociales y ambientales.

Ejemplo aplicado:

Una cooperativa de inserción que emplea a 50 personas en riesgo de exclusión puede mostrar su impacto no solo en términos de facturación, sino en reducción de subsidios públicos, aumento de cotizaciones sociales y mejora de la autoestima y redes comunitarias de sus trabajadores.

La comparabilidad internacional sigue siendo un desafío: cada país utiliza métricas distintas y no siempre homogéneas. Sin embargo, la UE avanza hacia estándares comunes en el marco del *European Social Economy Monitor*.

1.8. Economía social en la transición ecológica y digital.

La economía social no solo es un sector con peso económico y social en España, sino también un actor clave en la transición hacia un modelo de desarrollo sostenible. Sus principios fundacionales —la primacía de las personas sobre el capital, la gestión democrática, la solidaridad y el compromiso con el territorio— encajan de manera natural con los valores que inspiran la Agenda 2030 de Naciones Unidas y sus 17 Objetivos de Desarrollo Sostenible (ODS).

En el terreno ambiental, muchas entidades de economía social han demostrado que es posible generar riqueza sin agotar los recursos naturales. Las cooperativas agrícolas que apuestan por cultivos ecológicos, las cooperativas energéticas que impulsan proyectos de autoconsumo renovable o las empresas de inserción que gestionan residuos urbanos con criterios de economía circular son ejemplos concretos de cómo la lógica empresarial puede orientarse hacia la sostenibilidad ecológica.

En la dimensión social, la contribución es aún más evidente. El ODS 8, que promueve el trabajo decente y el crecimiento económico, encuentra en la economía social una vía privilegiada de cumplimiento, al priorizar el empleo estable y digno frente a la lógica de la temporalidad o la precariedad. El ODS 10, relativo a la reducción de desigualdades, se materializa en la capacidad de las empresas de inserción y los centros especiales de empleo para integrar laboralmente a colectivos que, de otro modo, quedarían excluidos del mercado de trabajo.

También la dimensión territorial conecta directamente con la Agenda 2030. El ODS 11, sobre ciudades y comunidades sostenibles, se refleja en el papel de asociaciones y fundaciones que prestan servicios sociales de proximidad, fortaleciendo la cohesión en barrios y municipios. El ODS 15, dedicado a la protección de los ecosistemas terrestres, se vincula a las iniciativas rurales que preservan el medio natural al tiempo que fijan población en zonas afectadas por la despoblación.

En términos de gobernanza global, la economía social responde al espíritu del ODS 17, que promueve alianzas entre actores diversos para alcanzar los objetivos comunes. Al situarse en un espacio intermedio entre el sector público y el privado, las entidades de economía social son interlocutores privilegiados en procesos de colaboración multinivel que buscan articular políticas públicas, iniciativas ciudadanas y financiación empresarial.

No es casualidad que la Comisión Europea haya subrayado en múltiples ocasiones la contribución de la economía social a la consecución de los ODS. En el caso español, el Plan de Acción para la Implementación de la Agenda 2030 reconoce explícitamente el papel del sector como agente de transformación. Sin embargo, todavía queda camino por recorrer en la sistematización de indicadores que permitan medir con precisión esta contribución y en la creación de marcos de apoyo estables que garanticen la sostenibilidad financiera de las entidades.

La doble transición —ecológica y digital— abre un campo fértil para la economía social, pero también la somete a exigencias de innovación y adaptación.

a) Economía social y transición ecológica:

Las cooperativas y asociaciones están protagonizando experiencias pioneras en comunidades energéticas locales. Estas entidades permiten a los ciudadanos generar, compartir y gestionar su propia energía renovable.

- Ejemplo: en la Comunidad Valenciana y Cataluña han surgido cooperativas que instalan placas solares en tejados comunitarios, con beneficios compartidos.
- Ejemplo: la cooperativa Som Energia, con más de 80.000 socios, comercializa electricidad 100 % renovable en toda España.

En el ámbito rural, las cooperativas agroalimentarias se orientan cada vez más hacia prácticas sostenibles: reducción del uso de pesticidas, certificación ecológica, economía circular en la gestión de residuos agrícolas.

b) Economía social y digitalización:

La digitalización supone un reto en términos de inversión, competencias y cambio cultural. Muchas entidades pequeñas carecen de recursos para adoptar tecnologías de gestión avanzada, plataformas de comercio electrónico o sistemas de trazabilidad.

No obstante, surgen iniciativas de intercooperación para compartir servicios digitales:

- Plataformas conjuntas de venta online de productos de cooperativas agroalimentarias.
- Software libre adaptado a la gestión democrática y a las votaciones en línea.
- Herramientas de trazabilidad blockchain para certificar el origen justo y sostenible de los productos.

c) Riesgos y oportunidades:

La transición digital puede generar una brecha entre entidades grandes y pequeñas. Para evitarlo, se requiere apoyo institucional (programas de capacitación digital, acceso a financiación tecnológica). A la vez, la economía social ofrece un modelo alternativo frente al dominio de las grandes plataformas digitales: un modelo basado en plataformas cooperativas, donde los usuarios son también propietarios (ejemplo: Fairbnb, alternativa ética a Airbnb).

d) Intersección con los ODS

La economía social tiene potencial para actuar como catalizador de los Objetivos de Desarrollo Sostenible, especialmente:

- ODS 8 (trabajo decente y crecimiento inclusivo).
- ODS 10 (reducción de desigualdades).
- ODS 12 (producción y consumo responsables).
- ODS 13 (acción por el clima).

1.9. Retos y debates actuales.

Aunque la economía social se ha consolidado en España y Europa, enfrenta desafíos estructurales que condicionan su futuro:

a) Escala y competitividad:
Muchas entidades son de pequeño tamaño, lo que limita su capacidad para competir en mercados globalizados. La fragmentación dificulta alcanzar economías de escala, invertir en innovación y proyectarse internacionalmente.

b) Profesionalización y formación:
La gestión democrática requiere cuadros directivos con competencias específicas en administración, finanzas, marketing y digitalización. El reto es atraer talento sin desvirtuar los valores fundacionales.

c) Regulación inteligente:
La normativa debe equilibrar el respeto a los principios de la economía social con la necesidad de flexibilidad para adaptarse a nuevas realidades (plataformas digitales, comunidades energéticas, empresas sociales híbridas). Un exceso de burocracia puede ahogar la innovación, pero la ausencia de regulación deja espacio para el "greenwashing" o el uso oportunista de la etiqueta "social".

d) Financiación:
La falta de acceso a capital a gran escala sigue siendo un obstáculo. Se necesitan fórmulas innovadoras como fondos de impacto, capital paciente y partenariados público-privados que refuercen la solvencia sin comprometer la misión social.

e) Visibilidad social y cultural:
La economía social, pese a su peso económico, sigue siendo poco reconocida por la ciudadanía y, en ocasiones, por las

propias administraciones. La difusión de buenas prácticas y la educación en valores cooperativos son esenciales para reforzar su legitimidad.

El recorrido realizado en este primer capítulo ha permitido comprender que la economía social constituye mucho más que un conjunto disperso de entidades o una categoría jurídica reciente. Se trata, en realidad, de un sector con identidad propia, profundamente enraizado en la historia europea y española, que ha sabido evolucionar desde las primeras cooperativas del siglo XIX hasta convertirse en un pilar fundamental de la economía contemporánea.

Su fuerza reside en una doble dimensión. Por un lado, la dimensión económica: con más de 43.000 entidades y más de dos millones de empleos en España, la economía social es un actor significativo en términos de PIB, empleo y desarrollo empresarial. Por otro, la dimensión social: su lógica de funcionamiento coloca a las personas en el centro de la actividad productiva, fomenta la democracia interna, genera empleo estable e inclusivo y contribuye a la cohesión territorial.

El marco jurídico e institucional, consolidado a partir de la Ley 5/2011, ha otorgado visibilidad y reconocimiento al sector, aunque aún persisten desafíos en materia de financiación, medición del impacto social y coordinación normativa entre comunidades autónomas. A pesar de ello, la economía social ha mostrado una notable capacidad de resiliencia en contextos de crisis, reforzando la idea de que constituye una alternativa viable y sostenible frente a los modelos empresariales tradicionales.

Además, su vinculación con la Agenda 2030 y los Objetivos de Desarrollo Sostenible la proyecta como un agente clave para el futuro. Al integrar dimensiones económicas, sociales y medioambientales, las entidades de economía social encarnan de manera tangible el principio de sostenibilidad, demostrando que es posible articular rentabilidad, equidad y respeto al entorno natural.

En definitiva, este capítulo confirma que la economía social no es una forma menor de hacer empresa, ni un complemento marginal al sistema económico, sino un tercer espacio empresarial que combina eficiencia productiva con justicia social. Un espacio que, en el caso español, no solo tiene un peso económico considerable, sino que se presenta como una de las herramientas más potentes para avanzar hacia un modelo de desarrollo inclusivo, resiliente y sostenible.

Capítulo 2.

Economía del bienestar
y su medición en España.

La noción de bienestar económico constituye uno de los pilares de la teoría económica aplicada al diseño de políticas públicas. Tradicionalmente, el Producto Interior Bruto (PIB) ha sido el indicador por excelencia para medir el progreso de un país. Sin embargo, desde mediados del siglo XX han surgido múltiples críticas a esta visión reduccionista. El PIB mide producción, pero no necesariamente bienestar: puede crecer mientras aumentan la desigualdad, la precariedad laboral o el deterioro ambiental.

Este capítulo aborda, en primer lugar, las principales teorías de la economía del bienestar, desde Pigou y Samuelson hasta las aportaciones de Amartya Sen. Posteriormente, se analizan los instrumentos de medición del bienestar en España, tanto los indicadores tradicionales como los nuevos índices multidimensionales (Gini, IDH, AROPE, Índice de Progreso Social, SDG Index). Finalmente, se plantea un debate crítico sobre los límites de la medición y se proponen alternativas para mejorar la evaluación del bienestar en el caso español.

2.1. Teorías clásicas y modernas de la economía del bienestar.

El concepto de economía del bienestar se ha ido conformando a lo largo de más de un siglo de reflexión económica. Desde sus orígenes, esta rama de la teoría económica se ha planteado cómo evaluar el funcionamiento de una sociedad no solo en términos de eficiencia productiva, sino también de bienestar humano, distribución de recursos y justicia social.

Las primeras aproximaciones surgieron en el marco de la economía neoclásica, que se centraba en la idea de eficiencia de Pareto. Según este criterio, una asignación de recursos es eficiente si no es posible mejorar la situación de una persona sin empeorar la de otra. Aunque este planteamiento fue innovador al introducir la noción de eficiencia en la asignación social, tenía limitaciones claras: no decía nada sobre la equidad de esa distribución. Una sociedad podría ser eficiente en términos de Pareto y, al mismo tiempo, extremadamente desigual.

a) Pigou y la economía del bienestar (1920).

El siglo XX introdujo un avance decisivo con los trabajos de Arthur Pigou, quien propuso medir el bienestar no solo por la producción, sino también por la utilidad social generada, incorporando nociones de bienestar colectivo que trascendían el interés individual. Su enfoque abrió la puerta a la intervención pública en casos donde los fallos de mercado (como las externalidades negativas o los bienes públicos) impedían alcanzar resultados socialmente deseables. Arthur Pigou fue uno de los primeros economistas en sistematizar la relación entre economía y bienestar social. Para él, el bienestar dependía no solo de la renta, sino también de la distribución.

b) Samuelson y los bienes públicos (1954).

Paul Samuelson amplió la teoría al destacar la existencia de bienes que el mercado no provee eficientemente, como defensa nacional, justicia o medio ambiente. Esta visión justificó la intervención pública en provisión de bienes públicos y corrección de fallos de mercado.

c) Amartya Sen y el enfoque de las capacidades (1999).

Más adelante, la obra de Amartya Sen supuso una auténtica revolución conceptual. Con su enfoque de las capacidades, Sen criticó la reducción del bienestar a la renta o el consumo y defendió que debía evaluarse por las oportunidades reales que tienen las personas para llevar la vida que valoran. Este giro normativo desplazó la atención hacia dimensiones como la educación, la salud, la igualdad de género o la libertad política, que pasaron a ser centrales en la medición del bienestar. Sen criticó la visión meramente utilitarista y propuso medir el bienestar en función de las capacidades reales de las personas: salud, educación, libertad política, participación social. Su enfoque dio origen a indicadores como el Índice de Desarrollo Humano (IDH) del Programa de Naciones Unidas para el Desarrollo.

d) John Rawls y la justicia distributiva (1971).

Rawls planteó que una sociedad justa debe organizarse de manera que las desigualdades solo sean aceptables si mejoran la situación de los más desfavorecidos. Su propuesta, conocida como "principio de diferencia", ha inspirado debates sobre equidad en el diseño de políticas redistributivas.

e) Pensamientos contemporáneos.

En el ámbito contemporáneo, la economía del bienestar se enriquece con contribuciones de economistas como Joseph Stiglitz, que subraya el impacto negativo de la desigualdad excesiva sobre el crecimiento y la estabilidad, o Thomas Piketty, quien analiza cómo la acumulación de riqueza en manos de minorías amenaza tanto la equidad como la eficiencia del sistema. Estas reflexiones se han traducido en un renovado interés por los indicadores que miden no solo cuánto produce una economía, sino cómo reparte esa riqueza y con qué impacto ambiental lo hace.

2.2. Indicadores tradicionales: PIB y renta per cápita.

El Producto Interior Bruto (PIB) ha sido, desde mediados del siglo XX, la medida hegemónica del progreso económico de los países. Su desarrollo estuvo vinculado a la necesidad de disponer de un indicador fiable de producción durante la Gran Depresión y la Segunda Guerra Mundial, y su consolidación fue rápida: gobiernos, organismos internacionales y analistas lo convirtieron en la referencia universal para evaluar la salud de las economías.

El PIB mide el valor monetario de los bienes y servicios finales producidos en un país durante un periodo determinado. Esta simplicidad y estandarización explican su éxito: permite comparaciones internacionales, facilita el seguimiento del ciclo económico y se convierte en una herramienta esencial para diseñar políticas macroeconómicas. Sin embargo, su uso como sinónimo de bienestar ha sido objeto de crecientes críticas.

En primer lugar, el PIB no tiene en cuenta la distribución de la renta. Dos países con idéntico PIB per cápita pueden presentar realidades sociales radicalmente distintas si uno de ellos concentra la riqueza en una minoría y el otro mantiene una distribución más equitativa. España, con un PIB per cápita en torno a 30.500 euros en 2024, convive con una tasa de pobreza relativa que afecta a más de una cuarta parte de su población. El crecimiento, por sí solo, no garantiza inclusión.

En segundo lugar, el PIB ignora dimensiones esenciales de la calidad de vida. La esperanza de vida, el acceso a la educación, la seguridad personal o la participación política son factores decisivos para valorar el bienestar de una sociedad, pero quedan invisibilizados en las cuentas nacionales. Del mismo modo, el trabajo doméstico o de cuidados, que constituye un aporte fundamental al bienestar humano, no se contabiliza en el PIB al no estar mediado por transacciones monetarias.

Una crítica especialmente relevante en el contexto actual es que el PIB no incorpora la sostenibilidad ambiental. Al medir únicamente la producción y el consumo, puede considerar como "progreso" actividades que degradan el medioambiente o agotan recursos naturales. La tala indiscriminada de bosques, la sobrepesca o la urbanización descontrolada aumentan el PIB en el corto plazo, pero generan costes ecológicos y sociales que comprometen el bienestar de las generaciones futuras.

A estas limitaciones se añade un problema metodológico: el PIB no refleja adecuadamente la economía informal. En países como España, donde el trabajo sumergido se estima en torno al 20 % del PIB, esta omisión distorsiona la imagen real de la actividad económica y del bienestar social.

Por todo ello, numerosos economistas y organismos internacionales han defendido la necesidad de complementar —e incluso superar— el PIB como indicador de bienestar. Joseph Stiglitz y Amartya Sen, en su célebre informe para la Comisión Europea de 2009, insistieron en que "lo que medimos afecta a lo que hacemos", y que centrar la atención únicamente en el PIB conduce a políticas miope que ignoran aspectos decisivos para la calidad de vida y la sostenibilidad.

El debate sobre las limitaciones del PIB no implica negar su utilidad como indicador económico, sino reconocer que no basta para medir el bienestar. España, como otros países, se enfrenta a la tarea de construir un sistema de medición más amplio, que combine el PIB con indicadores sociales, ambientales y subjetivos capaces de ofrecer una visión integral del progreso.

A modo resumen, el PIB per cápita sigue siendo el indicador más citado en medios y políticas. En 2024, el PIB de España alcanzó aproximadamente 1,46 billones de euros, con un PIB per cápita en torno a 30.500 €, situándose en el grupo medio de la UE-27.

No obstante, el PIB tiene varias limitaciones:

- No mide la distribución de la renta.
- No refleja el valor del trabajo no remunerado (hogar, cuidados).
- Ignora el deterioro ambiental.
- Puede aumentar incluso en contextos de creciente desigualdad.

Ejemplo: entre 2014 y 2019 España experimentó un fuerte crecimiento del PIB, pero la tasa de pobreza relativa se mantuvo en torno al 21 %, mostrando una desconexión entre producción y bienestar.

2.3. Indicadores alternativos al PIB.

Las crecientes críticas al Producto Interior Bruto como medida del bienestar han impulsado, en las últimas décadas, la búsqueda de indicadores alternativos capaces de reflejar con mayor fidelidad la calidad de vida y el desarrollo humano. Estos nuevos enfoques parten de una premisa compartida: el progreso no puede reducirse a la cantidad de bienes y servicios producidos, sino que debe incorporar dimensiones sociales, distributivas y medioambientales.

Uno de los primeros intentos de ir más allá del PIB fue el Índice de Desarrollo Humano (IDH), elaborado desde 1990 por el Programa de Naciones Unidas para el Desarrollo (PNUD). Este índice combina tres dimensiones básicas: la renta per cápita, la esperanza de vida y el nivel educativo. España se sitúa en niveles muy altos, con un valor de 0,905 en 2023, lo que refleja la fortaleza de su sistema sanitario y educativo. Sin embargo, el propio IDH reconoce sus limitaciones, pues no considera desigualdades internas ni impactos ambientales.

En respuesta a esas carencias, se han creado variantes como el Índice de Desarrollo Humano Ajustado por Desigualdad (IDH-D), que corrige el resultado en función de la distribución de la renta, o el Índice de Desigualdad de Género, que mide la brecha entre hombres y mujeres en salud, participación política y acceso a recursos. Estos indicadores muestran que, pese a su alto desarrollo humano, España sigue arrastrando desigualdades importantes, especialmente en el mercado laboral y en la participación femenina en puestos de liderazgo.

Otro avance relevante es el Índice de Progreso Social (SPI), que amplía la mirada hacia factores como los derechos humanos, la seguridad personal, la sostenibilidad medioambiental o el acceso a oportunidades. En la edición de 2025, España ocupa el puesto 21 de 170 países, con fortalezas claras en sanidad y educación, pero con debilidades en vivienda asequible y confianza institucional.

La preocupación por la sostenibilidad ha impulsado también la creación de indicadores centrados en el medio ambiente. El más destacado es la Huella Ecológica, que mide el impacto del consumo humano sobre los ecosistemas, comparándolo con la capacidad de regeneración del planeta. Según este indicador, España mantiene un déficit ecológico: consume más recursos de los que su territorio puede regenerar, lo que obliga a repensar el modelo productivo y de consumo.

En el ámbito europeo, la Comisión Europea ha desarrollado un conjunto de indicadores de bienestar más allá del PIB, integrados en sus informes de sostenibilidad y en el seguimiento de la Agenda 2030. Entre ellos destacan la tasa de riesgo de pobreza (AROPE), los indicadores de desigualdad de ingresos y los de calidad ambiental urbana. España, al formar parte de este marco, se somete

El coeficiente de Gini mide la desigualdad en la distribución de la renta. En España, se sitúa en torno al 33 % (2023), por encima de la media de la UE (30 %). Esto refleja una distribución más desigual que en países nórdicos o Alemania.

El indicador AROPE (At Risk of Poverty or Social Exclusion) es más amplio, pues combina tres dimensiones:
1. Riesgo de pobreza relativa (ingresos por debajo del 60 % de la mediana).
2. Carencia material severa.
3. Hogares con baja intensidad de empleo.

En 2023, el 26,5 % de la población española se encontraba en situación AROPE, lo que supone más de 12 millones de personas. Si bien ha habido mejoras respecto a los peores años de la crisis de 2008, la cifra sigue siendo elevada.

Podemos ilustrar la situación de nuestro país con la siguiente tabla:

Ilustración 3:Indicadores alternativos al PIB: definición, alcance y situación de España.

Indicador	Qué mide	Componentes	Escala
IDH (Índice de Desarrollo Humano)	Desarrollo humano medio	Salud (esperanza de vida), educación, renta per cápita	0–1 (más alto = mejor)
IDH ajustado por desigualdad (IDH-D)	Desarrollo humano penalizado por desigualdad	IDH corregido por distribución	0–1
SPI (Social Progress Index)	Progreso social independiente del PIB	Necesidades básicas, bienestar, oportunidades (50+ indicadores)	0–100
SDG Index (ODS)	Avance hacia los 17 ODS	100+ métricas por ODS	0–100
Indicadores de Calidad de Vida (ICV-INE)	Bienestar multidimensional en España	9 dominios (salud, educación, entorno, etc.)	Panel (sin índice único)
BLI/OCDE (Better Life)	Bienestar comparado OCDE	11 dimensiones	Panel (sin índice oficial)
Huella ecológica	Presión sobre ecosistemas	Gha per cápita vs. biocapacidad	>0 (menor = mejor)
Gini de renta	Desigualdad de ingresos	Distribución de renta equivalente	0–100 (menor = mejor)
AROPE (UE)	Riesgo de pobreza o exclusión	Pobreza relativa, carencia severa, baja intensidad laboral	% población
GPI (Genuine Progress Indicator)	Bienestar económico neto	PIB ajustado por costes/beneficios sociales y ambientales	Índice monetario

Ventajas	Limitaciones	Fuente (enlace)	España (último aprox.)
Sencillo, comparabilidad global	No capta desigualdad interna ni ambiente	PNUD → hdr.undp.org	**≈ 0,905 (2023)**
Introduce equidad	Datos exigentes; comparabilidad parcial	PNUD → hdr.undp.org	**≈ 0,84–0,86**
Amplio y no económico	Metodología compleja; cambios anuales	Social Progress → "country results"	**Puesto ≈ 21 / score ≈86**
Marco Agenda 2030	Cobertura desigual por país/ODS	SDSN → "Sustainable Development Report"	**≈ 79–81; rango ≈16–20**
Detalle territorial; series	No suma en un único número	INE → ine.es	**Panel por dominio**
Interactivo y pedagógico	No ofrece ranking único "oficial"	OCDE → "Better Life Index"	**Perfil alto con desigualdades**
Integra consumo/ ambiente	Estimaciones; rezago temporal	GFN → "Ecological Footprint"	**≈ 3,5–3,8 gha/cápita**
Estándar distributivo	No capta riqueza ni servicios	Eurostat → "income inequality"	**≈ 33 (2024)**
Mide vulnerabilidad social	Depende del umbral nacional	Eurostat → "AROPE"	**≈ 26 % (2024)**
Integra "costes" del crecimiento	No oficial; series incompletas	Literatura académica	**No disponible oficial**

2.4. El caso español: evolución reciente del bienestar.

La evolución del bienestar en España durante las últimas décadas refleja un proceso complejo, marcado por avances significativos en algunos ámbitos y por persistentes retos en otros. La transición democrática de finales de los años setenta fue el punto de partida de un cambio profundo: la consolidación del Estado del bienestar, con sistemas universales de salud, educación y pensiones, transformó radicalmente la calidad de vida de la población. Estos logros situaron a España, en apenas una generación, en niveles comparables a los de sus socios europeos más avanzados.

Desde los años noventa, los indicadores muestran una mejora constante en dimensiones clave. La esperanza de vida se ha incrementado hasta alcanzar los 83,5 años en 2023, una de las más altas del mundo. La expansión del sistema educativo ha reducido de forma notable el analfabetismo y ha incrementado el número de titulados universitarios. Asimismo, el acceso a bienes de consumo duradero y a infraestructuras básicas ha dejado de ser un indicador de desigualdad, generalizándose a la mayor parte de los hogares.

Sin embargo, el bienestar no puede evaluarse únicamente por estos logros. La crisis financiera de 2008 y sus prolongados efectos marcaron un retroceso en varias dimensiones sociales. La tasa de paro se disparó hasta niveles cercanos al 25 %, y aunque en 2025 se sitúa en torno al 10,3 %, el desempleo juvenil sigue siendo uno de los más altos de Europa, superando el 23 %. A ello se suma la extensión de la precariedad laboral, con contratos temporales y salarios bajos que limitan las oportunidades de vida de buena parte de la población joven.

Otro desafío persistente es la desigualdad económica. El coeficiente de Gini, que mide la distribución de la renta, se mantiene en torno a 33, por encima de la media de la Unión Europea. El indicador AROPE, que mide el riesgo de pobreza o exclusión social, afecta a más de 26 % de la población, con especial incidencia en hogares monoparentales y en menores. Estas cifras reflejan que el crecimiento económico de la última década no se ha traducido en una mejora homogénea del bienestar para todos los grupos sociales.

En el terreno medioambiental, España presenta luces y sombras. Por un lado, ha logrado reducir sus emisiones de gases de efecto invernadero en casi un 40 % respecto a 2005 y se ha consolidado como líder europeo en energías renovables, con un 56,8 % de electricidad procedente de fuentes limpias en 2024. Por otro, el país enfrenta graves problemas estructurales: el 75 % del territorio está en riesgo de desertificación, el consumo de agua en la agricultura es insostenible en algunas regiones y la urbanización desordenada ha afectado a ecosistemas frágiles.

En términos de percepción subjetiva, las encuestas muestran un contraste. La satisfacción vital media de los españoles se sitúa en torno a 7 sobre 10, cifra relativamente alta en comparación internacional. Sin embargo, la confianza en las instituciones políticas es baja, lo que refleja una desconexión entre la calidad de vida material y la valoración ciudadana del sistema democrático y económico.

En suma, la evolución del bienestar en España muestra una paradoja: el país ha alcanzado niveles elevados en indicadores objetivos de desarrollo humano, pero mantiene desigualdades sociales, territoriales y generacionales que condicionan la percepción del progreso. El reto de los próximos años será consolidar los logros alcanzados, mientras se corrigen estas brechas y se avanza hacia un modelo de bienestar más inclusivo y sostenible.

2.5. Retos pendientes en la medición del bienestar en España.

Medir el bienestar en España plantea todavía numerosos desafíos. Aunque se han incorporado indicadores sociales, distributivos y medioambientales a las estadísticas oficiales, persiste una tendencia a otorgar un protagonismo excesivo al PIB como principal vara de medir el progreso. Esto conduce a una visión incompleta de la realidad, en la que aspectos cruciales para la vida de las personas permanecen invisibles o subrepresentados.

Uno de los principales retos es captar adecuadamente las desigualdades internas. España ha avanzado en la publicación de indicadores de pobreza y exclusión, como el AROPE, pero la información disponible sigue siendo limitada en lo que respecta a diferencias territoriales, de género o generacionales. El caso de la juventud es paradigmático: mientras la esperanza de vida o el acceso a servicios básicos sitúan al país en la élite mundial, los elevados niveles de paro juvenil y la dificultad para acceder a vivienda revelan que una parte significativa de la población no experimenta el mismo nivel de bienestar que las medias nacionales sugieren.

Otro desafío reside en la medición del trabajo no remunerado. Actividades como el cuidado de menores, mayores o personas dependientes, que recaen de forma desproporcionada en las mujeres, no aparecen en las cuentas nacionales, pese a su enorme importancia social y económica. Su exclusión perpetúa una visión parcial del bienestar y limita la capacidad de diseñar políticas públicas que reconozcan y valoren estas tareas.

La dimensión medioambiental también necesita ser reforzada. Aunque España ha incorporado indicadores de emisiones, energía renovable y consumo de recursos, aún falta una integración sistemática de la sostenibilidad ecológica en las métricas de bienestar. La desertificación, el estrés hídrico o la pérdida de biodiversidad son factores que afectan de manera directa a la calidad de vida presente y futura, y sin embargo, se consideran en ocasiones como variables sectoriales más que como componentes centrales del bienestar.

Asimismo, resulta urgente avanzar en la medición del bienestar subjetivo. La satisfacción vital, la confianza en las instituciones y la percepción de seguridad son dimensiones cada vez más utilizadas en informes internacionales, como el World Happiness Report, pero en España su desarrollo estadístico sigue siendo incipiente. Sin estas métricas resulta difícil comprender las tensiones entre indicadores objetivos —como la esperanza de vida— y las percepciones ciudadanas, muchas veces marcadas por la desconfianza o la frustración ante la desigualdad.

Por último, un reto transversal es la coherencia y accesibilidad de los indicadores. Existen múltiples fuentes —INE, Eurostat, CEPES, OCDE— que generan datos relevantes, pero dispersos y a menudo poco comprensibles para el gran público. La construcción de un cuadro integrado de indicadores nacionales de bienestar, transparente y accesible, permitiría no solo mejorar la calidad del análisis, sino también reforzar la legitimidad democrática al ofrecer a la ciudadanía información clara sobre los avances y retrocesos del país.

En conclusión, España ha progresado notablemente en la incorporación de métricas más allá del PIB, pero el camino hacia una medición completa del bienestar exige superar carencias en desigualdad, trabajo no remunerado, sostenibilidad y percepción subjetiva. Solo con un sistema de indicadores verdaderamente integral será posible orientar las políticas públicas hacia un modelo de desarrollo inclusivo y sostenible.

2.6. Conclusiones del capítulo 2.

El análisis realizado en este capítulo permite constatar que la medición del bienestar en España se encuentra en una fase de transición entre un modelo centrado casi en exclusiva en el crecimiento económico y otro más amplio, que incorpora dimensiones sociales, distributivas, ambientales y subjetivas.

La evolución de la economía del bienestar como disciplina muestra cómo la teoría económica ha pasado de considerar únicamente la eficiencia de Pareto a integrar nociones de equidad, justicia social y capacidades humanas. Autores como Amartya Sen o John Rawls han ampliado el horizonte del debate, recordándonos que el bienestar no puede reducirse a indicadores monetarios, sino que debe evaluarse a partir de las oportunidades reales que tienen las personas para llevar una vida digna.

En este contexto, el PIB, aunque útil como indicador de producción, ha demostrado ser insuficiente para medir el bienestar. Sus limitaciones en cuanto a distribución, sostenibilidad y calidad de vida han motivado la creación de múltiples indicadores alternativos, como el Índice de Desarrollo Humano, el Índice de Progreso Social o la Huella Ecológica, que aportan una visión más rica y multidimensional del progreso.

El caso español refleja con claridad esta tensión. Por un lado, el país presenta logros incuestionables: esperanza de vida elevada, cobertura sanitaria universal, un sistema educativo consolidado y un liderazgo creciente en energías renovables. Por otro, persisten desafíos profundos, como la desigualdad económica, la precariedad laboral juvenil, el riesgo de pobreza y la fragilidad medioambiental. Estos contrastes evidencian que el bienestar no puede medirse únicamente en términos de riqueza agregada, sino que requiere un análisis matizado que dé cuenta de sus múltiples dimensiones.

Los retos pendientes en la medición del bienestar en España —desde la necesidad de contabilizar el trabajo no remunerado hasta la inclusión plena de la sostenibilidad y el bienestar subjetivo— muestran que aún queda un largo camino por recorrer. Sin embargo, también abren una oportunidad: construir un cuadro integrado de indicadores nacionales, transparente y accesible, que oriente las políticas públicas hacia objetivos más humanos y sostenibles.

En síntesis, el bienestar en España no puede entenderse únicamente como un resultado económico, sino como un proceso en el que convergen equidad, sostenibilidad y participación ciudadana. Reconocer esta complejidad es el primer paso para diseñar un modelo de desarrollo que responda verdaderamente a las aspiraciones de la sociedad.

Capítulo 3.

Desarrollo sostenible y economía verde: evolución en los últimos años.

3.1. Orígenes del concepto de desarrollo sostenible.

El concepto de desarrollo sostenible es, sin duda, uno de los más influyentes en la reflexión contemporánea sobre economía, sociedad y medio ambiente. Su fuerza reside en haber articulado una visión integradora, capaz de conciliar la necesidad de crecimiento económico con la urgencia de preservar los recursos naturales y garantizar la justicia intergeneracional. Sin embargo, llegar a esta formulación no fue un proceso inmediato, sino el resultado de varias décadas de debates, advertencias científicas y propuestas políticas.

El antecedente más citado es el informe "Los límites del crecimiento", elaborado en 1972 por el Club de Roma. Este documento, basado en modelos de simulación, alertaba de que si las tendencias de crecimiento demográfico, consumo de recursos y contaminación continuaban sin cambios, la humanidad se enfrentaría a un colapso ambiental y económico en el plazo de un siglo. Aunque recibió críticas por su aparente catastrofismo, el informe tuvo un impacto profundo en la opinión pública y abrió un debate global sobre la insostenibilidad de los patrones de desarrollo vigentes.

Pocos años después, la Conferencia de Estocolmo sobre el Medio Humano (1972) marcó el inicio de la diplomacia ambiental internacional, al reconocer que los problemas ecológicos tenían una dimensión global y que los Estados debían cooperar para afrontarlos. Este fue el germen del Programa de Naciones Unidas para el Medio Ambiente (PNUMA), que se convertiría en el principal organismo internacional en la materia.

La formulación más influyente del concepto llegó en 1987 con el informe "Nuestro futuro común", elaborado por la Comisión Mundial sobre Medio Ambiente y Desarrollo, presidida por Gro Harlem Brundtland. Allí se definió el desarrollo sostenible como aquel que "satisface las necesidades del presente sin comprometer la capacidad de las generaciones futuras para satisfacer sus propias necesidades". Esta definición, de gran sencillez y claridad, permitió conciliar intereses económicos, sociales y ecológicos, y se convirtió en el marco de referencia universal.

A partir de entonces, el desarrollo sostenible dejó de ser una consigna marginal para integrarse en las agendas políticas internacionales. La Cumbre de la Tierra de Río de Janeiro (1992) consolidó esta visión al aprobar la Agenda 21, un plan de acción global que vinculaba desarrollo y sostenibilidad. Más tarde, los Objetivos de Desarrollo del Milenio (2000) y los Objetivos de Desarrollo Sostenible (2015) reforzaron el carácter multidimensional del concepto, ampliándolo a cuestiones como la lucha contra la pobreza, la igualdad de género o la gobernanza democrática.

En paralelo, el término economía verde empezó a ganar terreno como traducción operativa de este ideal. Se entendía que no bastaba con añadir un componente ecológico a las políticas económicas tradicionales, sino que era necesario transformar el modelo productivo hacia actividades capaces de generar empleo, riqueza y bienestar sin degradar el entorno. Energías renovables, gestión eficiente de recursos, movilidad sostenible o economía circular se convirtieron en los pilares de esta nueva estrategia.

En síntesis, los orígenes del concepto de desarrollo sostenible reflejan un largo proceso de toma de conciencia colectiva. Lo que comenzó como advertencia científica y diplomática ha evolucionado hacia un marco normativo y político global que guía hoy las decisiones de gobiernos, empresas y ciudadanía. Su fuerza radica en su capacidad de síntesis: la sostenibilidad no es solo un reto ambiental, sino un proyecto integral de sociedad.

3.2. La transición hacia la economía verde en Europa y España.

La transición hacia una economía verde constituye uno de los mayores retos del siglo XXI, no solo en términos ambientales, sino también como proyecto de transformación productiva, social y política. En Europa, este proceso se ha ido articulando de manera progresiva desde finales del siglo XX, y en España ha adquirido una relevancia creciente, especialmente a raíz de la crisis financiera de 2008 y de los compromisos internacionales en materia de cambio climático.

El punto de partida europeo lo marca la aprobación del Protocolo de Kioto (1997), que comprometió a los países industrializados a reducir sus emisiones de gases de efecto invernadero. Aunque sus resultados fueron limitados, supuso un primer marco vinculante de responsabilidad climática. Posteriormente, la Unión Europea asumió un papel de liderazgo internacional con el lanzamiento de la Estrategia Europa 2020, que situó el crecimiento sostenible como uno de sus pilares, y con la aprobación del Pacto Verde Europeo (2019), una hoja de ruta ambiciosa cuyo objetivo es alcanzar la neutralidad climática en 2050.

España, como Estado miembro, ha participado activamente en este proceso. La integración en la Unión Europea implicó no solo la transposición de normas ambientales, sino también la oportunidad de acceder a fondos estructurales destinados a modernizar infraestructuras y promover la sostenibilidad. La reconversión del sector energético, impulsada por el cierre progresivo de centrales de carbón y la expansión de las energías renovables, constituye uno de los avances más significativos.

El desarrollo de la energía eólica y, más recientemente, de la solar fotovoltaica, ha situado a España entre los países europeos con mayor capacidad instalada en renovables. En 2024, más de la mitad de la electricidad generada en el país procedía de fuentes limpias, superando la media comunitaria. Este liderazgo responde tanto a condiciones naturales favorables como a decisiones políticas que incentivaron la inversión en el sector. No obstante, el camino no ha estado exento de contradicciones: la retirada abrupta de ayudas a las energías renovables en 2012 generó inseguridad jurídica y frenó la expansión durante varios años, mostrando la importancia de la estabilidad regulatoria.

La transición hacia la economía verde en España también ha alcanzado otros ámbitos. La gestión del agua, en un país sometido a fuerte estrés hídrico, ha dado lugar a importantes inversiones en modernización de regadíos y depuración de aguas residuales. La política de residuos se ha orientado hacia la economía circular, aunque los niveles de reciclaje siguen por debajo de los objetivos europeos. En materia de movilidad, las grandes ciudades han empezado a implantar zonas de bajas emisiones y a apostar por el transporte eléctrico, aunque los desafíos en este campo siguen siendo notables.

En comparación con otros países europeos, España muestra un desempeño ambivalente. Por un lado, se sitúa en posiciones de liderazgo en energías renovables, agricultura ecológica y reducción de emisiones. Por otro, arrastra retrasos en innovación tecnológica, electrificación del transporte y eficiencia energética en edificios. Mientras países como Dinamarca o Alemania han vinculado la transición verde a una potente estrategia industrial, España todavía busca consolidar un modelo productivo que aproveche plenamente estas oportunidades.

En definitiva, la transición hacia la economía verde en Europa y España refleja un proceso en marcha, con avances indiscutibles pero también con importantes retos pendientes. No se trata solo de cumplir con compromisos climáticos, sino de redefinir la estructura productiva y social del continente, transformando la sostenibilidad en motor de competitividad, cohesión y bienestar.

3.3. Evolución de los indicadores ambientales en España.

La evolución de los indicadores ambientales en España ofrece una visión clara de los avances logrados en las últimas décadas, pero también de las tensiones persistentes entre crecimiento económico y sostenibilidad. Desde los años noventa, cuando comenzaron a sistematizarse estadísticas ambientales comparables en el marco de la Unión Europea, se observa una mejora en algunos aspectos clave, mientras que en otros la situación sigue siendo preocupante.

Uno de los indicadores más significativos es el de emisiones de gases de efecto invernadero (GEI). España alcanzó su máximo histórico en 2005, con cerca de 440 millones de toneladas de CO_2 equivalente, coincidiendo con el auge del sector de la construcción y del transporte. A partir de entonces, y especialmente tras la crisis financiera de 2008, las emisiones se redujeron de manera considerable, hasta situarse en torno a los 270 millones de toneladas en 2023, lo que supone una caída cercana al 40 %. Esta reducción responde tanto a la disminución de la actividad en los años de recesión como a la apuesta por energías renovables y a mejoras en la eficiencia energética.

Ilustración 4: Evolución de las emisiones de GEI en España.

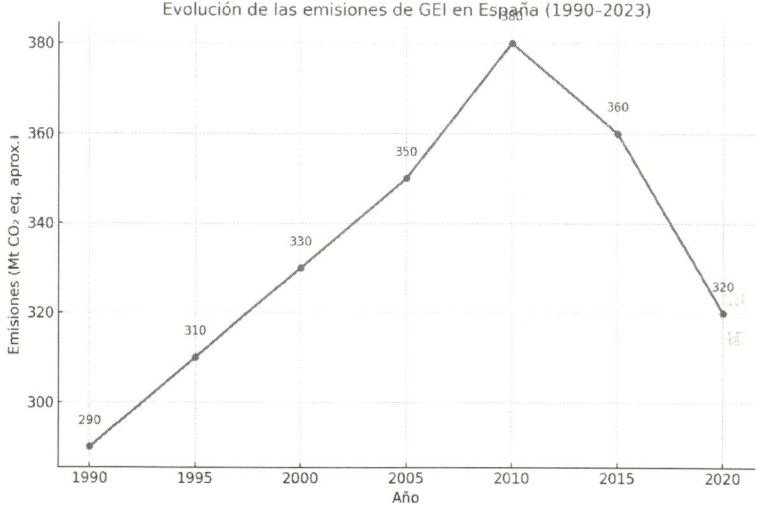

En el ámbito de la energía, los indicadores muestran un cambio de paradigma. En 1990, apenas un 15 % de la electricidad española procedía de fuentes renovables, mientras que en 2024 la cifra superó el 56 %. La eólica y la solar se han convertido en las principales protagonistas de este cambio, situando a España en el grupo de países europeos con mayor penetración de renovables. Sin embargo, el consumo final de energía sigue dependiendo en gran medida de los combustibles fósiles, sobre todo en transporte y en determinados sectores industriales, lo que revela una brecha importante entre generación eléctrica limpia y consumo energético global.

El uso del agua constituye otro de los indicadores críticos para España, dada su situación climática y geográfica. Aunque se han modernizado regadíos y mejorado sistemas de depuración, el país enfrenta un estrés hídrico estructural. La sobreexplotación de acuíferos en regiones como el sureste peninsular o la gestión de trasvases en cuencas interregionales reflejan tensiones crecientes en la gestión del recurso. Los episodios de sequía, cada vez más intensos y frecuentes, ponen en evidencia la necesidad de integrar la adaptación climática en la planificación hídrica.

En materia de residuos y economía circular, España ha registrado avances, pero aún insuficientes. La tasa de reciclaje de residuos municipales se situó en torno al 45 % en 2023, lejos del objetivo europeo del 60 % para 2030. Además, persisten grandes diferencias entre comunidades autónomas, con regiones que superan la media europea y otras que mantienen niveles bajos de recogida selectiva.

El estado de los ecosistemas y la biodiversidad también es motivo de preocupación. Aproximadamente el 75 % del territorio español está en riesgo de desertificación, una de las cifras más altas de Europa. La expansión urbanística, la intensificación agrícola y los efectos del cambio climático contribuyen a esta degradación. Al mismo tiempo, España conserva una riqueza biológica excepcional, albergando más del 30 % de la biodiversidad europea, lo que convierte la conservación de sus ecosistemas en una tarea estratégica de primer orden.

En conjunto, la evolución de los indicadores ambientales en España refleja una paradoja. Por un lado, el país ha logrado avances notables en la reducción de emisiones y en el despliegue de energías renovables, situándose como referente europeo en estos ámbitos. Por otro, enfrenta desafíos estructurales en gestión del agua, residuos y conservación de ecosistemas, que ponen de manifiesto la necesidad de políticas más ambiciosas y coherentes. El camino hacia la sostenibilidad no está exento de contradicciones, pero los progresos realizados en las últimas décadas muestran que la transición es posible y que España dispone de un potencial considerable para liderarla.

3.4. España ante la Agenda 2030 y el Pacto Verde Europeo.

La aprobación de la Agenda 2030 de Naciones Unidas en 2015 y el lanzamiento del Pacto Verde Europeo en 2019 han situado la sostenibilidad en el centro de las políticas públicas, tanto a escala internacional como en el ámbito comunitario. España, como Estado miembro de la Unión Europea y firmante de los compromisos globales, ha asumido la obligación de alinear su modelo productivo y social con estos objetivos, lo que ha supuesto una reorientación profunda de sus estrategias de desarrollo.

La Agenda 2030, con sus diecisiete Objetivos de Desarrollo Sostenible (ODS), plantea un horizonte integral en el que convergen la erradicación de la pobreza, la lucha contra el cambio climático, la igualdad de género, la protección de los ecosistemas y la construcción de instituciones sólidas y transparentes. España fue uno de los primeros países en elaborar un Plan de Acción Nacional para la implementación de los ODS, aprobado en 2018, y desde entonces ha creado estructuras de coordinación como el Alto Comisionado para la Agenda 2030. No obstante, los informes periódicos de Naciones Unidas y de plataformas sociales españolas señalan que el progreso es desigual: mientras existen avances claros en sanidad, educación o energías renovables, persisten rezagos en pobreza infantil, precariedad laboral, vivienda asequible o biodiversidad.

El Pacto Verde Europeo constituye, por su parte, la estrategia comunitaria más ambiciosa en materia de sostenibilidad. Su objetivo de alcanzar la neutralidad climática en 2050 implica una transformación profunda de los sistemas de energía, transporte, producción industrial y consumo. Para España, este marco ha supuesto una oportunidad de acceso a fondos extraordinarios —en particular, el Mecanismo de Recuperación y Resiliencia tras la pandemia— que están financiando proyectos de transición energética, rehabilitación de viviendas, movilidad sostenible e innovación tecnológica. El Plan Nacional Integrado de Energía y Clima (PNIEC) 2021-2030 recoge estos compromisos, estableciendo metas concretas como alcanzar un 74 % de electricidad renovable en 2030 y reducir en un 23 % las emisiones de gases de efecto invernadero respecto a 1990.

Sin embargo, la aplicación de estos compromisos enfrenta obstáculos significativos. La estabilidad regulatoria es uno de ellos: la experiencia de los recortes retroactivos a las energías renovables en 2012 mostró los riesgos de políticas erráticas, que pueden desalentar la inversión y frenar el cambio. Otro desafío es el de la equidad territorial: no todas las comunidades autónomas ni todos los sectores productivos parten de la misma situación, lo que exige políticas de acompañamiento que eviten que la transición verde agrave las desigualdades regionales o sociales.

En el plano político, España se encuentra además ante la tarea de reforzar la participación ciudadana en la implementación de la Agenda 2030 y el Pacto Verde. Experiencias como las comunidades energéticas locales, los presupuestos participativos verdes o los proyectos de economía circular muestran que la transición no puede ser únicamente un proceso tecnocrático, sino que requiere la implicación activa de la sociedad.

Todo lo anterior queda reflejado en la siguiente tabla resumen, en la que podemos observar el nivel de consecución de los objetivos establecidos:

Ilustración 5: Objetivos del PNIEC 2030 frente a la situación actual en España

Indicador energético-ambiental	Situación actual (2023-2024 aprox.)	Objetivo PNIEC 2030
Participación de renovables en consumo final	~21 %	42 %
Participación renovables en generación eléctrica	~56 %	74 %
Reducción de emisiones GEI respecto a 1990	-38 %	-55 %
Eficiencia energética (reducción consumo final)	-17 % vs. proyección tendencial	-39,5 %
Electrificación del transporte (vehículos eléctricos)	~1,2 millones en circulación	5 millones
Capacidad instalada de energía solar fotovoltaica	~25 GW	39 GW
Capacidad instalada de energía eólica	~30 GW	50 GW
Capacidad total de almacenamiento (bombeo + baterías)	~8 GW	20 GW
Consumo de carbón en electricidad	< 2 %	0 % (cierre total)

En definitiva, España ha asumido un papel comprometido en la Agenda 2030 y el Pacto Verde Europeo, situándose entre los países que más han avanzado en la descarbonización de su sistema eléctrico y en la integración de la sostenibilidad en sus políticas públicas. Pero este compromiso no puede medirse solo en términos de normativa o de metas cuantitativas: su éxito dependerá de la capacidad de traducir los objetivos globales en mejoras concretas y tangibles para la vida cotidiana de los ciudadanos.

3.5. Retos actuales y perspectivas de futuro.

El compromiso de España con la sostenibilidad y la economía verde se enfrenta hoy a un conjunto de retos estructurales que condicionan la posibilidad de alcanzar los objetivos fijados por la Agenda 2030 y el Pacto Verde Europeo. Estos desafíos no son únicamente técnicos o económicos, sino también sociales, culturales y políticos, lo que explica la complejidad del proceso de transición.

Uno de los principales retos es la descarbonización del transporte. Aunque la generación eléctrica ha experimentado un avance notable gracias a las energías renovables, el transporte sigue dependiendo en gran medida de los combustibles fósiles, responsables de casi un tercio de las emisiones totales de gases de efecto invernadero en España. La electrificación del parque automovilístico, el desarrollo de infraestructuras de recarga y la potenciación del transporte público son áreas en las que el país aún se encuentra rezagado respecto a otros socios europeos como Noruega o los Países Bajos.

Otro desafío reside en la gestión del agua y la desertificación. El cambio climático está intensificando las sequías y reduciendo la disponibilidad de recursos hídricos, especialmente en el sureste peninsular. Al mismo tiempo, la agricultura intensiva demanda grandes volúmenes de agua y genera presiones sobre acuíferos y ecosistemas. Garantizar la sostenibilidad hídrica requiere una transformación profunda de los modelos de producción agrícola y una apuesta decidida por la eficiencia y la innovación tecnológica.

La transición justa constituye un tercer reto ineludible. El cierre de minas de carbón, centrales térmicas o industrias altamente contaminantes afecta de manera directa a comunidades enteras, que dependen de estas actividades para su subsistencia. Sin políticas de acompañamiento que garanticen empleo alternativo, formación profesional y desarrollo económico en estas zonas, la transición ecológica corre el riesgo de generar resistencias sociales y políticas que frenen su avance. En este sentido, los planes de transición justa puestos en marcha en comarcas mineras constituyen un ejemplo positivo, pero aún insuficiente en alcance y recursos.

La innovación tecnológica y la reindustrialización verde representan también un desafío estratégico. España ha avanzado en energías renovables, pero todavía depende en gran medida de importaciones en sectores de alto valor añadido, como las baterías eléctricas o el hidrógeno verde. Transformar la sostenibilidad en una oportunidad de liderazgo industrial exige incrementar la inversión en investigación, desarrollo e innovación, así como fortalecer la cooperación entre universidades, empresas y administraciones públicas.

En el plano político y social, la participación ciudadana será decisiva. La transición hacia la economía verde no puede concebirse únicamente como un proceso impulsado desde Bruselas o desde Madrid, sino como un cambio cultural que involucre a comunidades, municipios y familias. Proyectos de autoconsumo energético, comunidades de reciclaje o movilidad compartida muestran que la sostenibilidad solo se consolidará si se traduce en prácticas cotidianas y en un sentimiento de corresponsabilidad.

De cara al futuro, España dispone de un potencial significativo para liderar esta transformación. Sus recursos naturales en energía solar y eólica, su experiencia en gestión de infraestructuras y la creciente sensibilidad social hacia la sostenibilidad son activos valiosos. Sin embargo, para aprovecharlos plenamente será necesario superar la fragmentación política, garantizar la estabilidad regulatoria y diseñar políticas de cohesión territorial que aseguren que nadie quede atrás en el camino hacia un modelo productivo más verde e inclusivo.

La perspectiva que se abre, por tanto, es ambivalente: grandes oportunidades conviven con riesgos considerables. Si España logra articular un proyecto nacional de transición ecológica que combine ambición, equidad y participación social, podrá situarse entre los países líderes en sostenibilidad. Si no lo hace, corre el riesgo de quedar atrapada en un modelo híbrido, incapaz de resolver sus tensiones estructurales ni de responder a los desafíos globales.

3.6. Conclusiones del capítulo 3.

El recorrido realizado en este capítulo muestra cómo la sostenibilidad se ha convertido en un eje central de la reflexión y la acción política en España. El concepto de desarrollo sostenible, nacido de advertencias científicas y plasmado en acuerdos internacionales, ha pasado a ser una referencia ineludible en la formulación de políticas públicas y en el diseño de estrategias empresariales. Su evolución ha desembocado en la idea de economía verde, entendida no como un sector específico, sino como una transformación transversal del modelo productivo y de consumo.

España ha experimentado avances notables en este camino. La reducción de emisiones de gases de efecto invernadero en casi un 40 % desde 2005 y el liderazgo alcanzado en energías renovables —con más de la mitad de la electricidad generada a partir de fuentes limpias en 2024— son logros que sitúan al país en posiciones destacadas dentro de la Unión Europea. Asimismo, la integración de la sostenibilidad en planes nacionales, como el PNIEC o la Estrategia Española de Economía Circular, refleja un compromiso institucional sólido con los objetivos globales de la Agenda 2030 y del Pacto Verde Europeo.

No obstante, los indicadores también revelan fragilidades persistentes. El transporte continúa siendo altamente dependiente de combustibles fósiles; la desertificación amenaza a tres cuartas partes del territorio; la gestión del agua se enfrenta a tensiones estructurales, y el reciclaje de residuos avanza a un ritmo insuficiente para cumplir con las metas europeas. Estos problemas ponen de manifiesto que la transición hacia la sostenibilidad no es un proceso lineal, sino una tarea plagada de contradicciones y resistencias.

El futuro exige, además, afrontar la dimensión social de la transición. Sin políticas de transición justa, que aseguren empleo alternativo y apoyo a las comunidades afectadas por la reconversión, la sostenibilidad corre el riesgo de generar nuevas desigualdades territoriales y sociales. Del mismo modo, la innovación tecnológica y la reindustrialización verde serán determinantes para que España no se limite a importar soluciones, sino que sea capaz de liderar sectores estratégicos a nivel europeo y global.

En conclusión, España se encuentra en una encrucijada decisiva. Los avances realizados demuestran que el país dispone de recursos, capacidades y sensibilidad social suficientes para convertirse en referente internacional de sostenibilidad. Sin embargo, el éxito dependerá de su habilidad para traducir compromisos globales en resultados tangibles, para garantizar la equidad territorial y social en el proceso, y para consolidar una cultura ciudadana de corresponsabilidad ambiental. Solo así la economía verde podrá dejar de ser una aspiración normativa para convertirse en una realidad estructural que articule prosperidad económica, justicia social y respeto por los límites del planeta.

Capítulo 4.

Políticas públicas para
la sostenibilidad

4.1. Marco normativo nacional e internacional.

Las políticas públicas orientadas a la sostenibilidad no pueden comprenderse de manera aislada, sino en el marco de un entramado normativo que combina disposiciones internacionales, europeas y nacionales. España, como Estado miembro de la Unión Europea y firmante de acuerdos multilaterales, ha configurado en las últimas décadas un marco legal cada vez más denso y ambicioso, destinado a guiar la transición hacia un modelo económico y social más respetuoso con el medio ambiente y más justo desde el punto de vista social.

En el plano internacional, el punto de inflexión lo supuso la Cumbre de la Tierra de Río de Janeiro (1992), que estableció la Agenda 21 como plan de acción global para la sostenibilidad. A partir de entonces, se sucedieron compromisos multilaterales como el Protocolo de Kioto (1997) y, más recientemente, el Acuerdo de París (2015), que fijó el objetivo de limitar el aumento de la temperatura global por debajo de los 2 °C respecto a los niveles preindustriales. España ha ratificado estos acuerdos, comprometiéndose a adoptar medidas de mitigación y adaptación al cambio climático en línea con la comunidad internacional.

La Unión Europea ha desempeñado un papel crucial en la consolidación de este marco. Con el Pacto Verde Europeo (2019) y la legislación derivada —como la Ley Europea del Clima (2021)—, Bruselas ha situado la neutralidad climática para 2050 como meta ineludible. Este compromiso se traduce en objetivos concretos: reducción de al menos un 55 % de las emisiones de gases de efecto invernadero para 2030 respecto a 1990, incremento de la eficiencia energética y transformación de sectores clave como la agricultura, la industria y el transporte. España, al formar parte de la UE, no solo debe cumplir con estas metas, sino que además se beneficia de los fondos y programas europeos destinados a financiar la transición.

En el ámbito nacional, la Ley de Cambio Climático y Transición Energética (2021) constituye el instrumento central de la política española en esta materia. La norma establece objetivos vinculantes, como la reducción de emisiones en un 23 % para 2030 respecto a 1990, la prohibición de vender turismos y vehículos comerciales ligeros con emisiones directas de CO_2 a partir de 2040 y la obligación de que las grandes ciudades cuenten con zonas de bajas emisiones. Junto a esta ley, el Plan Nacional Integrado de Energía y Clima (PNIEC) 2021-2030 define la hoja de ruta en materia de descarbonización y eficiencia energética, mientras que la Estrategia Española de Economía Circular 2030 impulsa un cambio en los patrones de producción y consumo.

No menos relevante es el papel de las comunidades autónomas y los municipios, que han aprobado sus propios planes y ordenanzas en ámbitos como la gestión de residuos, la movilidad sostenible o la protección de espacios naturales. Este despliegue normativo multinivel refleja la complejidad de la sostenibilidad, que requiere coordinación entre distintos niveles de gobierno y la implicación de múltiples actores sociales y económicos.

Podemos recopilar las anteriores leyes y normativas en la siguiente tabla:

Ilustración 6: Principales leyes y planes estratégicos de sostenibilidad en España.

Norma / Plan	Año	Objetivos principales	Ámbito de aplicación
Ley 5/2011 de Economía Social	2011	Reconocimiento y regulación de la economía social en España.	Nacional
Ley 7/2021 de Cambio Climático y Transición Energética	2021	Neutralidad climática en 2050, 100 % electricidad renovable, movilidad sostenible.	Nacional
Plan Nacional Integrado de Energía y Clima (PNIEC 2021–2030)	2020 (vigente)	Reducir GEI -55 % en 2030, 74 % electricidad renovable, eficiencia energética.	Nacional, con proyección UE
Estrategia de Economía Circular "España Circular 2030"	2020	Reducir 30 % consumo nacional de materiales, mejorar eficiencia y reciclaje.	Nacional
Agenda 2030 de Desarrollo Sostenible	2015 (ONU) → adopción en España 2018	Cumplimiento de los 17 ODS (pobreza, clima, igualdad, educación, salud).	Internacional y nacional
Plan Nacional de Adaptación al Cambio Climático (PNACC)	2021–2030	Reducir vulnerabilidad frente a impactos climáticos (agua, agricultura, salud).	Nacional y regional
Ley de Residuos y Suelos Contaminados para una Economía Circular	2022	Reducción de plásticos de un solo uso, fomento reciclaje y economía circular.	Nacional
Planes autonómicos de energía y clima	Diversos (2019–2023)	Adaptación territorial de los objetivos PNIEC y climáticos.	Regional (CC. AA.)
Planes locales de sostenibilidad (ej. zonas de bajas emisiones)	2021 en adelante	Reducción tráfico contaminante, mejora movilidad urbana.	Local (ayuntamientos)

En definitiva, el marco normativo nacional e internacional en materia de sostenibilidad configura un entramado ambicioso y en constante evolución. España se encuentra plenamente inserta en este sistema, lo que le obliga a cumplir compromisos exigentes, pero al mismo tiempo le brinda oportunidades de financiación, innovación y liderazgo. El desafío no es ya la ausencia de normas, sino su correcta implementación y la capacidad de transformar principios legales en cambios reales y duraderos en el modelo productivo y social.

4.2. Políticas de mitigación y adaptación al cambio climático en España.

El cambio climático representa uno de los desafíos más complejos de la política pública contemporánea, pues exige combinar medidas de mitigación, destinadas a reducir las emisiones de gases de efecto invernadero, con políticas de adaptación, orientadas a preparar a la sociedad y a los ecosistemas para los efectos ya inevitables del calentamiento global. España, por sus características geográficas y climáticas, se encuentra en una situación particularmente vulnerable, lo que ha impulsado la adopción de estrategias ambiciosas en ambos frentes.

En el ámbito de la mitigación, España ha fijado metas claras en el marco de la Ley de Cambio Climático y Transición Energética (2021) y del Plan Nacional Integrado de Energía y Clima (PNIEC) 2021-2030. Entre ellas destacan la reducción de emisiones en al menos un 23 % para 2030 respecto a 1990, el incremento de la cuota de energías renovables hasta el 42 % en el consumo final de energía y una mejora del 39,5 % en la eficiencia energética. Para alcanzar estos objetivos, el país ha impulsado políticas de cierre progresivo de centrales de carbón, restricciones a la exploración y explotación de hidrocarburos y la promoción del autoconsumo eléctrico mediante paneles solares y comunidades energéticas.

La mitigación también afecta a sectores clave como el transporte, responsable de casi un tercio de las emisiones. Las zonas de bajas emisiones implantadas en las principales ciudades, los incentivos a la movilidad eléctrica y las inversiones en transporte ferroviario forman parte de una estrategia que busca reducir la dependencia del automóvil privado y avanzar hacia un modelo de movilidad más sostenible. No obstante, las cifras actuales muestran que este es uno de los ámbitos donde el progreso resulta más lento, debido a las dificultades de transformación de hábitos sociales y a la necesidad de renovar infraestructuras.

En paralelo, la adaptación se ha convertido en una prioridad ineludible. España es uno de los países europeos más expuestos a fenómenos climáticos extremos, como olas de calor, sequías prolongadas, incendios forestales o episodios de lluvias torrenciales. Para afrontar esta vulnerabilidad, el Gobierno ha aprobado el Plan Nacional de Adaptación al Cambio Climático (PNACC) 2021-2030, que articula medidas en sectores como el agua, la agricultura, la salud pública, la biodiversidad y la planificación urbana. Entre sus acciones se incluyen la modernización de regadíos, la protección de acuíferos, la restauración de ecosistemas forestales y el refuerzo de los sistemas de alerta temprana ante emergencias climáticas.

En el ámbito urbano, la adaptación se traduce en la promoción de ciudades más resilientes, con zonas verdes que reduzcan el efecto isla de calor, sistemas de drenaje sostenible que mitiguen inundaciones y planes de rehabilitación energética en edificios. En el sector agrícola, especialmente afectado por la desertificación y la escasez de agua, se promueven prácticas de agricultura de conservación y técnicas de riego más eficientes.

El éxito de estas políticas depende en gran medida de la coordinación multinivel. El Estado fija objetivos generales y aprueba legislación básica, pero son las comunidades autónomas y los ayuntamientos quienes gestionan muchos de los programas de mitigación y adaptación. Además, la implicación de la sociedad civil y del sector empresarial resulta indispensable para garantizar la eficacia de las medidas.

En definitiva, España ha avanzado en el diseño de políticas ambiciosas para mitigar y adaptarse al cambio climático, pero el reto principal radica en su implementación efectiva. El país se juega no solo el cumplimiento de compromisos internacionales, sino la protección de su biodiversidad, su sistema productivo y la salud de su población. La transición climática ya no es una opción, sino una necesidad urgente que definirá el futuro económico, social y ambiental de la nación.

4.3. Fiscalidad verde y financiación de la sostenibilidad en España.

La transición hacia un modelo económico sostenible requiere no solo de leyes ambiciosas y planes estratégicos, sino también de recursos financieros estables que permitan hacer realidad los objetivos planteados. En este terreno, la fiscalidad verde y los mecanismos de financiación de la sostenibilidad se han convertido en instrumentos fundamentales, tanto para incentivar comportamientos más respetuosos con el medio ambiente como para obtener ingresos que financien inversiones públicas en descarbonización, adaptación y economía circular.

En España, la fiscalidad ambiental ha experimentado un desarrollo limitado en comparación con otros países europeos. Según datos de Eurostat, los ingresos procedentes de impuestos ambientales representan alrededor del 1,7 % del PIB, frente al 2,4 % de la media de la Unión Europea y el 3,5 % de países líderes como Dinamarca. Este diferencial refleja la existencia de un margen considerable para reforzar la fiscalidad verde como herramienta de política pública.

Los principales instrumentos vigentes se concentran en impuestos sobre hidrocarburos, electricidad y matriculación de vehículos, así como en cánones sobre el uso del agua y la gestión de residuos en algunas comunidades autónomas. Sin embargo, muchos de estos tributos tienen un alcance reducido o se han aplicado con escasa progresividad, lo que limita su capacidad para modificar conductas y garantizar justicia social en la transición ecológica.

En los últimos años se han introducido medidas relevantes. La Ley de Residuos y Suelos Contaminados para una Economía Circular (2022) estableció un impuesto sobre plásticos de un solo uso, alineándose con las directrices comunitarias. Asimismo, algunas comunidades, como Cataluña o Andalucía, han reforzado sus impuestos autonómicos sobre emisiones o vertidos. No obstante, los expertos coinciden en que España necesita una reforma integral de su fiscalidad verde, que incremente su peso en la recaudación total y la oriente a desincentivar prácticas contaminantes.

En paralelo, la financiación de la sostenibilidad se apoya cada vez más en los fondos europeos. El Mecanismo de Recuperación y Resiliencia ha asignado a España más de 140.000 millones de euros, de los cuales una parte significativa se destina a proyectos de transición energética, movilidad limpia, rehabilitación de viviendas y digitalización sostenible. Estos recursos representan una oportunidad histórica para acelerar la transformación verde del país, aunque también plantean el desafío de una gestión eficaz y transparente.

Junto a la financiación pública, están emergiendo instrumentos financieros privados orientados a la sostenibilidad. Los bonos verdes, emitidos tanto por el Estado como por comunidades autónomas y grandes empresas, canalizan recursos hacia proyectos ambientales específicos, como energías renovables o transporte sostenible. Asimismo, las finanzas éticas y de impacto están ganando terreno, ofreciendo productos que combinan rentabilidad económica con objetivos sociales y ambientales.

El reto fundamental consiste en articular un ecosistema financiero mixto, donde la fiscalidad verde, los fondos públicos europeos y nacionales, y la inversión privada se complementen de forma coherente. Sin este entramado, será difícil garantizar la estabilidad y continuidad de los proyectos necesarios para cumplir con los compromisos climáticos y de sostenibilidad asumidos por España.

En definitiva, la fiscalidad verde y la financiación sostenible en España se encuentran aún en una etapa de consolidación. Aunque los avances recientes son notables, el país dispone de un amplio margen para reforzar sus instrumentos, aumentar su ambición y garantizar que los costes de la transición se repartan de manera justa entre empresas, administraciones y ciudadanos. El futuro de la sostenibilidad dependerá, en gran medida, de la capacidad para dotar de recursos suficientes y estables a un proceso que exige inversiones de enorme envergadura.

4.4. Políticas de economía circular y transición energética.

La transición hacia un modelo económico sostenible no puede entenderse sin abordar dos pilares fundamentales: la economía circular y la transición energética. Ambos conceptos, estrechamente relacionados, constituyen estrategias destinadas a transformar los patrones de producción y consumo, reduciendo la presión sobre los recursos naturales y avanzando hacia un sistema más eficiente, justo y respetuoso con los límites del planeta.

En el caso de la economía circular, España ha dado pasos importantes con la aprobación de la Estrategia Española de Economía Circular 2030, que marca como objetivos prioritarios reducir en un 30 % el consumo nacional de materiales respecto a 2010, disminuir en un 15 % la generación de residuos, y avanzar hacia una tasa de reciclaje que permita cumplir los compromisos europeos. La lógica circular se aleja del modelo lineal tradicional —extraer, producir, consumir y desechar— para impulsar un ciclo en el que los materiales se reutilizan, reparan, reciclan o valorizan, minimizando la generación de residuos.

Las políticas públicas en este ámbito se han concretado en medidas como el impuesto a los plásticos de un solo uso, la prohibición de productos de plástico no reutilizables en hostelería, y el fomento de sistemas de depósito, devolución y retorno para envases. A nivel autonómico y local, algunos municipios han introducido sistemas de recogida puerta a puerta y tasas diferenciadas según la cantidad de residuos generados, con el fin de incentivar el reciclaje. No obstante, los datos muestran que España aún se encuentra lejos de los objetivos comunitarios: en 2023, la tasa de reciclaje se situaba en torno al 45 %, por debajo del 60 % marcado por la Unión Europea para 2030.

El segundo gran pilar, la transición energética, representa una auténtica revolución estructural. El Plan Nacional Integrado de

Energía y Clima (PNIEC) 2021-2030 fija como metas alcanzar un 74 % de electricidad renovable en 2030, reducir las emisiones en un 23 % respecto a 1990 y mejorar la eficiencia energética en casi un 40 %. Estos objetivos se enmarcan en el compromiso europeo de neutralidad climática en 2050.

España parte de una posición ventajosa en este proceso, gracias a su elevado potencial en energías solar y eólica. En 2024, más de la mitad de la electricidad generada procedía de fuentes renovables, situando al país a la vanguardia europea. Además, las comunidades energéticas locales, impulsadas en los últimos años, han comenzado a democratizar el acceso a la energía, permitiendo que vecinos, ayuntamientos o pymes compartan instalaciones de autoconsumo solar y reduzcan su dependencia de las grandes compañías eléctricas.

Sin embargo, la transición energética también enfrenta desafíos significativos. La electrificación del transporte y de la calefacción avanza a un ritmo más lento del necesario, y la dependencia de combustibles fósiles sigue siendo elevada en sectores como la industria o la movilidad de larga distancia. Además, la falta de estabilidad regulatoria en el pasado —como la retirada abrupta de incentivos a las renovables en 2012— sigue siendo un recordatorio de los riesgos de políticas discontinuas que generan desconfianza en los inversores.

La economía circular y la transición energética comparten una dimensión estratégica común: no se trata únicamente de proteger el medio ambiente, sino de impulsar una transformación económica profunda que genere empleo, modernice sectores productivos y refuerce la competitividad de España en el marco europeo y global. Si se implementan con ambición y coherencia, ambas políticas pueden situar al país en la vanguardia de la sostenibilidad, al tiempo que refuerzan la cohesión social y territorial.

4.5. Evaluación de la eficacia de las políticas públicas en sostenibilidad en España.

La eficacia de las políticas públicas en materia de sostenibilidad constituye uno de los aspectos más debatidos en el panorama español. No basta con aprobar leyes ambiciosas o fijar metas cuantitativas; lo determinante es comprobar en qué medida estas normas y estrategias se traducen en cambios reales y duraderos en los patrones de producción, consumo y comportamiento social.

Un primer elemento a destacar es que España ha avanzado en la construcción de un marco normativo sólido, en línea con los compromisos europeos e internacionales. La Ley de Cambio Climático y Transición Energética, el Plan Nacional Integrado de Energía y Clima, o la Estrategia Española de Economía Circular representan pasos significativos. Sin embargo, la implementación de estas medidas ha estado marcada por ritmos desiguales y, en algunos casos, por una falta de continuidad política que ha dificultado consolidar resultados.

En materia de reducción de emisiones, los datos muestran un progreso notable: en 2023 las emisiones se situaban casi un 40 % por debajo del máximo registrado en 2005. Este logro, sin embargo, se debe en parte a factores coyunturales —como la crisis financiera de 2008 o la pandemia de la COVID-19— y no exclusivamente al impacto directo de las políticas públicas. De ahí que la eficacia de las medidas de mitigación deba evaluarse con cautela, distinguiendo entre tendencias estructurales y efectos transitorios.

La transición energética constituye uno de los ámbitos con resultados más visibles. El crecimiento de las energías renovables ha permitido que en 2024 más de la mitad de la electricidad generada en España procediera de fuentes limpias. No obstante, la electrificación de sectores como el transporte o la industria avanza más lentamente de lo previsto, lo que revela una brecha entre la ambición de los planes y la capacidad de ejecución práctica.

En cuanto a la economía circular, la evaluación es menos positiva. Aunque se han aprobado medidas relevantes, como el impuesto a los plásticos de un solo uso, la tasa de reciclaje en 2023 seguía en torno al 45 %, lejos del objetivo europeo del 60 % para 2030. Esta distancia refleja que las políticas adoptadas, si bien necesarias, no han tenido un impacto suficiente para transformar de manera profunda los hábitos de producción y consumo.

Otro aspecto clave es la coherencia territorial. La descentralización política de España implica que las comunidades autónomas desempeñan un papel crucial en la gestión de residuos, agua, movilidad o conservación de ecosistemas. Sin embargo, las diferencias entre territorios son notables, lo que genera desigualdades en el acceso a políticas verdes y dificulta alcanzar objetivos comunes a nivel nacional. La falta de mecanismos de coordinación y de indicadores homogéneos limita la evaluación rigurosa del impacto real de las medidas.

La percepción ciudadana añade una dimensión crítica. Encuestas recientes muestran que la población española valora positivamente las políticas ambientales en abstracto, pero cuestiona su eficacia cuando afectan directamente a su vida cotidiana, como ocurre con la implantación de zonas de bajas emisiones o con el encarecimiento de ciertos productos por la fiscalidad verde. Esta tensión entre sostenibilidad y costes inmediatos constituye un desafío político de primer orden.

En conclusión, la evaluación de la eficacia de las políticas públicas de sostenibilidad en España revela un balance mixto. Se han logrado avances indiscutibles en el despliegue de renovables y en la reducción de emisiones, pero persisten carencias importantes en economía circular, transporte, gestión del agua y cohesión territorial. La clave para el futuro estará en mejorar la coordinación multinivel, garantizar la estabilidad regulatoria y reforzar los mecanismos de seguimiento y evaluación, de manera que las políticas no se queden en compromisos formales, sino que produzcan transformaciones tangibles y verificables.

4.6. Conclusiones del capítulo 4.

El análisis de las políticas públicas en materia de sostenibilidad en España permite comprobar que el país ha avanzado de manera notable en el diseño de un marco normativo y estratégico alineado con los compromisos internacionales y europeos. La Ley de Cambio Climático y Transición Energética, el Plan Nacional Integrado de Energía y Clima, y la Estrategia Española de Economía Circular constituyen hitos relevantes que sitúan la sostenibilidad en el centro de la agenda política.

Estos avances normativos se han traducido en resultados tangibles, como la reducción de emisiones de gases de efecto invernadero o el liderazgo alcanzado en energías renovables, que representan ya más de la mitad de la generación eléctrica. Asimismo, la creciente incorporación de criterios ambientales en ámbitos como la movilidad urbana, la fiscalidad o la gestión de residuos refleja una progresiva transformación del marco de actuación pública hacia la economía verde.

No obstante, la eficacia de estas políticas muestra claroscuros. Mientras la transición energética avanza con paso firme, la economía circular progresa a un ritmo insuficiente, el transporte mantiene una fuerte dependencia de combustibles fósiles y la gestión del agua sigue siendo un reto estructural en un país marcado por el estrés hídrico y la desertificación. Además, la fragmentación territorial y la falta de coordinación interadministrativa dificultan la homogeneidad y coherencia de las medidas, generando desigualdades en su aplicación entre comunidades autónomas.

El reto de la financiación de la sostenibilidad también es decisivo. España ha sabido aprovechar los fondos europeos, especialmente los vinculados al Mecanismo de Recuperación y Resiliencia, pero la fiscalidad verde sigue teniendo un peso reducido en comparación con otros países de la Unión Europea. Sin un sistema fiscal más ambicioso y estable, será difícil consolidar las inversiones necesarias para cumplir con los objetivos de descarbonización y economía circular.

Finalmente, la percepción ciudadana constituye un factor esencial para valorar la eficacia de las políticas públicas. Aunque la mayoría de los españoles reconoce la urgencia de la transición ecológica, el apoyo se debilita cuando las medidas implican costes inmediatos o cambios significativos en los hábitos cotidianos. En este sentido, el éxito de las políticas dependerá tanto de su diseño técnico como de su legitimidad social, es decir, de la capacidad de explicar sus beneficios a largo plazo y de garantizar que la transición sea justa e inclusiva.

En síntesis, España ha construido un marco sólido de políticas para la sostenibilidad, pero el desafío consiste en pasar de la norma a la práctica, de los planes estratégicos a los cambios efectivos en la economía y en la vida de las personas. La transición verde no puede limitarse a un conjunto de compromisos formales: ha de consolidarse como un proyecto de país, sostenido en el tiempo, equitativo en su reparto de costes y beneficios, y capaz de conjugar prosperidad económica, justicia social y respeto a los límites ambientales.

Capítulo 5.

Comparativa del caso nacional

e internacionales

5.1. Experiencias europeas en economía social y sostenibilidad.

El panorama europeo ofrece una amplia variedad de experiencias en el ámbito de la economía social y la sostenibilidad, que resultan especialmente útiles para contrastar y enriquecer el caso español. Aunque cada país presenta particularidades históricas, institucionales y culturales, la economía social en Europa ha mostrado una notable capacidad de adaptación y ha desempeñado un papel clave en la construcción de modelos de desarrollo más inclusivos y respetuosos con el medio ambiente.

Uno de los referentes más destacados es Francia, donde la llamada *Économie Sociale et Solidaire (ESS)* cuenta con un sólido reconocimiento jurídico e institucional. Desde 2014, una ley específica regula este sector, integrando cooperativas, mutualidades, asociaciones y fundaciones bajo un mismo marco. Francia ha sido pionera en vincular la economía social con la sostenibilidad territorial, especialmente a través de proyectos de agricultura ecológica, finanzas solidarias y cooperativas de energía renovable.

El fuerte apoyo público y la articulación de redes regionales han permitido que la ESS represente en torno al 10 % del empleo total del país.

En el caso de Italia, el cooperativismo ha adquirido una dimensión estructural dentro de la economía. Las *cooperativas sociales*, reguladas desde 1991, son un ejemplo paradigmático de cómo la economía social puede responder a necesidades sociales específicas, como la inserción laboral de personas en riesgo de exclusión o la prestación de servicios sociosanitarios. El movimiento cooperativo italiano, especialmente en regiones como Emilia-Romaña, se ha consolidado como un motor económico capaz de competir a nivel internacional, al tiempo que mantiene un fuerte compromiso con la comunidad local.

Alemania ofrece otra experiencia relevante, marcada por el papel de las cooperativas de crédito y de las *Genossenschaften*, asociaciones cooperativas de tradición centenaria. Estas entidades han sido fundamentales en la financiación de pymes, proyectos agrícolas y energías renovables. El modelo alemán se caracteriza por su fuerte arraigo territorial y por su estrecha conexión con el sistema educativo y de formación profesional, lo que refuerza la resiliencia de estas organizaciones frente a crisis económicas.

El caso de los países nórdicos merece una mención aparte. En Suecia, Dinamarca y Finlandia, la economía social se ha vinculado históricamente a la provisión de servicios públicos, especialmente en educación, sanidad y vivienda. Las cooperativas de vivienda, por ejemplo, han desempeñado un papel esencial en la construcción de ciudades más inclusivas y sostenibles. Asimismo, los países nórdicos han liderado la transición hacia energías limpias, integrando a cooperativas y empresas sociales en proyectos de generación descentralizada y en estrategias de eficiencia energética.

En Portugal, la economía social ha adquirido protagonismo en los últimos años, impulsada por el reconocimiento constitucional y por un fuerte apoyo institucional. Las cooperativas agrícolas y las mutualidades han sido clave en el desarrollo del medio rural, mientras que nuevas iniciativas de economía circular y solidaria están contribuyendo a revitalizar comunidades afectadas por la crisis financiera y por la emigración juvenil.

Estas experiencias europeas ofrecen lecciones valiosas para España. En primer lugar, muestran la importancia del reconocimiento legal y político de la economía social, que permite dotarla de estabilidad y legitimidad. En segundo lugar, subrayan la relevancia del arraigo territorial, pues las entidades más exitosas son aquellas que responden a las necesidades concretas de su comunidad. Finalmente, evidencian que la economía social y la sostenibilidad pueden convertirse en motores de competitividad y cohesión, siempre que se acompañen de políticas públicas coherentes y de una cultura social favorable a la participación.

Podemos analizar las diferencias entre los principales países europeos en la siguiente gráfica:

Ilustración 7: Comparativa internacional: renovables y reducción de emisiones (valores aprox. 2023 - 2024)

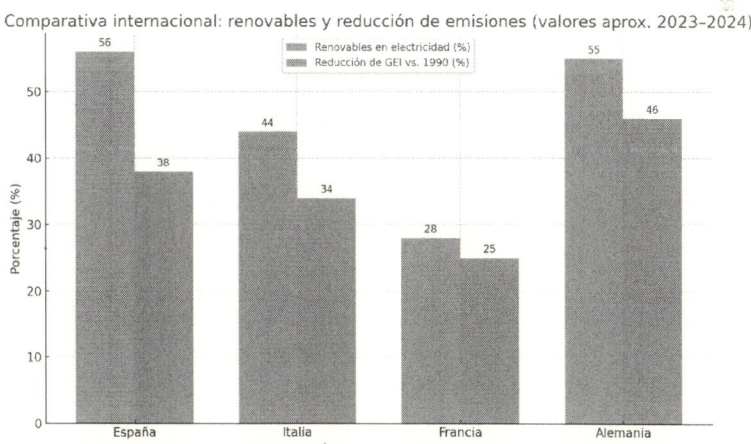

Comparativa internacional: renovables y reducción de emisiones (valores aprox. 2023-2024)

5.2. Modelos latinoamericanos de economía social y sostenibilidad.

En América Latina, la economía social y solidaria ha tenido un desarrollo particular, estrechamente vinculado a la historia de desigualdades estructurales, movimientos sociales y procesos de integración comunitaria. A diferencia del contexto europeo, donde muchas de estas experiencias nacieron en el marco del cooperativismo industrial o agrícola, en América Latina la economía social ha estado fuertemente ligada a la lucha contra la exclusión y a la búsqueda de alternativas frente a la informalidad y la debilidad de los Estados de bienestar.

Uno de los referentes más significativos es Brasil, donde el movimiento cooperativo tiene una larga trayectoria, especialmente en el sector agrícola. El país cuenta con cooperativas de gran escala, como las vinculadas a la producción de café o soja, que han demostrado ser altamente competitivas en mercados internacionales. Sin embargo, el modelo brasileño también se caracteriza por la proliferación de iniciativas de economía solidaria en barrios urbanos y zonas rurales empobrecidas, orientadas a la autogestión, la generación de empleo y la inclusión social. En 2003 se creó la Secretaría Nacional de Economía Solidaria, un organismo público pionero en la región, que articuló políticas de apoyo a estas experiencias.

En Argentina, las cooperativas y mutualidades han desempeñado un papel central en momentos de crisis. Tras el colapso económico de 2001, surgieron numerosas empresas recuperadas por sus trabajadores, que transformaron fábricas abandonadas en cooperativas autogestionadas. Estas experiencias se han convertido en símbolo de resistencia y de innovación social, al demostrar que los trabajadores pueden gestionar de manera democrática empresas viables y sostenibles. El movimiento cooperativo argentino, además, ha tenido un peso histórico en sectores como la vivienda, la energía eléctrica y los seguros mutualistas.

México ofrece un panorama diverso. Por un lado, destacan las cooperativas de producción y consumo en comunidades rurales e indígenas, que combinan la lógica económica con la preservación cultural y medioambiental. Por otro, las cajas de ahorro y crédito popular se han consolidado como herramientas de inclusión financiera para millones de personas excluidas del sistema bancario tradicional. En los últimos años, el país ha comenzado a vincular la economía social con los Objetivos de Desarrollo Sostenible, promoviendo proyectos de energías limpias y de economía circular en comunidades locales.

En Chile, las cooperativas han experimentado un resurgir en sectores como la energía renovable, el comercio justo y la agricultura orgánica. Además, el país ha impulsado programas de apoyo a empresas B (de beneficio), que combinan objetivos de rentabilidad con metas sociales y ambientales, en sintonía con tendencias globales de sostenibilidad empresarial.

En otros países, como Colombia o Ecuador, la economía social se ha articulado en torno a la figura de la economía popular y solidaria, reconocida incluso constitucionalmente en el caso ecuatoriano. Estas experiencias buscan integrar a pequeños productores, artesanos y trabajadores informales en circuitos económicos más organizados, garantizando acceso a crédito, formación y mercados.

Lo característico de los modelos latinoamericanos es su doble dimensión. Por un lado, constituyen estrategias de supervivencia frente a contextos de pobreza, exclusión y debilidad institucional. Por otro, en muchos casos se han convertido en laboratorios de innovación social, donde la autogestión, la solidaridad y el respeto por la naturaleza se combinan para generar experiencias de desarrollo sostenible desde abajo.

Para España, la observación de estas experiencias resulta especialmente relevante en el marco de la cooperación internacional. Los modelos latinoamericanos muestran que la economía social puede ser un instrumento poderoso para la inclusión y la sostenibilidad en contextos de alta desigualdad, y ofrecen ejemplos valiosos de resiliencia comunitaria, participación democrática y defensa del territorio frente a dinámicas extractivistas.

5.3. Experiencias en Asia y África.

Las experiencias de economía social y sostenibilidad en Asia y África muestran una gran diversidad, condicionada tanto por las estructuras socioeconómicas de cada región como por los desafíos específicos vinculados a la pobreza, la desigualdad y la dependencia de recursos naturales. En muchos casos, estas iniciativas surgen como respuestas locales a la falta de servicios básicos, a la exclusión financiera o a la necesidad de gestionar de manera más sostenible los recursos comunitarios.

En Asia, uno de los referentes históricos es India, donde el movimiento cooperativo se ha consolidado en sectores clave como la agricultura, el microcrédito y la producción artesanal. Las cooperativas lecheras, lideradas por el proyecto *Amul*, han logrado transformar a millones de pequeños productores en actores competitivos en mercados internacionales, demostrando que la economía social puede ser una vía eficaz de modernización rural. Asimismo, las experiencias de microfinanzas, impulsadas por el Grameen Bank en Bangladesh bajo el liderazgo de Muhammad Yunus, han tenido un impacto mundial. El acceso a microcréditos sin garantías ha permitido a millones de mujeres emprender pequeños negocios, contribuyendo tanto a su autonomía económica como a la reducción de la pobreza.

En el sudeste asiático, países como Filipinas o Indonesia han promovido cooperativas de pesca, crédito y consumo que han sido decisivas en la organización de comunidades rurales. Además, en regiones afectadas por desastres naturales o conflictos armados, las entidades de economía social han desempeñado un papel crucial en la reconstrucción y en la provisión de servicios básicos, como sanidad o educación.

En el caso de China, el enfoque ha sido distinto. Bajo el modelo de "economía colectiva", las cooperativas rurales han tenido un fuerte componente estatal, con menor autonomía que en otros países. No obstante, en los últimos años han surgido iniciativas vinculadas a la economía verde, como proyectos de energía solar comunitaria y programas de reciclaje urbano, que muestran una convergencia con tendencias globales hacia la sostenibilidad.

En África, la economía social se ha configurado principalmente a través de cooperativas agrícolas, asociaciones comunitarias y sistemas de microcrédito. En países como Kenia, Tanzania o Uganda, las cooperativas de café y té han permitido a pequeños agricultores acceder a mercados internacionales y mejorar sus ingresos. Estas organizaciones suelen estar ligadas a sellos de comercio justo, lo que refuerza su compromiso con la sostenibilidad ambiental y social.

Otro ejemplo relevante se encuentra en Sudáfrica, donde las cooperativas surgieron como instrumentos de empoderamiento tras el fin del apartheid. Han desempeñado un papel fundamental en la inclusión de comunidades históricamente marginadas, especialmente en sectores como la vivienda, la energía y el acceso a servicios financieros. En el norte de África, países como Marruecos o Túnez han impulsado cooperativas de mujeres dedicadas a la producción artesanal y agrícola, vinculando así economía social, igualdad de género y desarrollo territorial.

Un rasgo común en muchas experiencias africanas es la fuerte vinculación con la economía informal. Ante la ausencia de sistemas públicos de protección social, las cooperativas y asociaciones comunitarias funcionan como redes de seguridad, proporcionando crédito, seguros o asistencia mutua en contextos de gran vulnerabilidad. Además, la creciente preocupación por el cambio climático en un continente especialmente expuesto ha llevado a que numerosas iniciativas locales integren prácticas de adaptación, como la gestión comunitaria del agua o la reforestación.

En conjunto, las experiencias de Asia y África revelan que la economía social no es un modelo exclusivo de países industrializados, sino una herramienta de gran plasticidad que puede adaptarse a contextos muy diversos. En muchos casos, constituye una respuesta de base comunitaria frente a carencias estructurales, pero también un espacio de innovación que conecta sostenibilidad, participación y resiliencia.

5.4. Comparación del caso español con experiencias internacionales.

El análisis comparado entre España y las experiencias internacionales en economía social y sostenibilidad permite identificar tanto similitudes como diferencias estructurales, que resultan esenciales para valorar la posición del país en el contexto global.

En primer lugar, España comparte con Europa occidental el reconocimiento jurídico e institucional de la economía social. La Ley 5/2011 de Economía Social ha dotado al sector de un marco normativo claro, en línea con lo que ocurre en Francia o Italia. Sin embargo, a diferencia de estos países, donde las cooperativas sociales y las mutualidades gozan de una fuerte implantación histórica y un respaldo financiero más robusto, en España el sector aún lucha por obtener mayor visibilidad pública y estabilidad regulatoria.

Si se compara con Italia, destaca la diferencia en la escala y en el grado de articulación territorial del movimiento cooperativo. Mientras que en regiones italianas como Emilia-Romaña las cooperativas alcanzan cuotas de mercado significativas en múltiples sectores, en España la economía social tiene un peso relevante en ámbitos concretos —como la agricultura, las finanzas cooperativas o la atención a la dependencia—, pero no logra todavía consolidar un modelo tan extendido.

En relación con Francia, España presenta similitudes en el papel de las asociaciones y fundaciones como actores clave de la cohesión social y la prestación de servicios comunitarios. Sin embargo, Francia ha desarrollado una política pública más sistemática de apoyo financiero y fiscal a la *Économie Sociale et Solidaire*, lo que refuerza su capacidad de incidencia económica.

Al comparar con los países nórdicos, se evidencian diferencias en la integración de la economía social en el sistema de bienestar. En Suecia o Dinamarca, las cooperativas de vivienda y servicios están profundamente vinculadas a la provisión pública, mientras que en España la economía social opera con mayor autonomía respecto al Estado, complementando más que sustituyendo los servicios públicos universales.

En contraste con América Latina, España se beneficia de un contexto institucional más sólido y de mayores niveles de apoyo financiero y normativo. Mientras que en Argentina o Brasil muchas experiencias de economía social surgieron como respuestas de resistencia en contextos de crisis y exclusión, en España el sector se ha desarrollado en un marco más estable, aunque con retos de financiación y reconocimiento. No obstante, las experiencias latinoamericanas ofrecen a España lecciones sobre resiliencia comunitaria y autogestión democrática, especialmente en momentos de crisis económicas.

Respecto a Asia y África, las diferencias son aún más marcadas. En estos continentes, la economía social se articula en gran medida como estrategia de supervivencia frente a la pobreza y la ausencia de servicios públicos. En España, en cambio, se configura como complemento de un Estado del bienestar consolidado, aunque con tensiones derivadas de la precariedad laboral y de las desigualdades territoriales. Aun así, el dinamismo de experiencias como el microcrédito en Bangladesh o las cooperativas agrícolas africanas pone de relieve el potencial de la innovación social en contextos adversos, lo que también resulta inspirador para el caso español.

En términos de sostenibilidad, España ha logrado avances notables en el despliegue de energías renovables, situándose en posiciones de liderazgo internacional, pero muestra carencias en gestión del agua, economía circular y cohesión territorial. Frente a países europeos líderes en innovación tecnológica verde, como Alemania o Dinamarca, España necesita reforzar la inversión en I+D y consolidar una industria vinculada a la transición ecológica.

En síntesis, el caso español se sitúa en una posición intermedia: cuenta con un marco normativo sólido, una creciente vinculación con la Agenda 2030 y avances significativos en energías renovables, pero aún debe superar debilidades estructurales en financiación, innovación y cohesión territorial. La comparación internacional muestra que el país no parte de cero, pero tampoco ha alcanzado aún el grado de consolidación y protagonismo que exhiben otros modelos de referencia.

5.5. Conclusiones del capítulo 5.

El análisis comparado de experiencias internacionales en economía social y sostenibilidad permite situar a España en un marco global, mostrando tanto sus fortalezas como sus debilidades. El recorrido por Europa, América Latina, Asia y África evidencia que la economía social adopta formas diversas según los contextos históricos, institucionales y culturales, pero en todos los casos cumple una función esencial: combinar eficiencia económica con cohesión social y sostenibilidad ambiental.

En el ámbito europeo, España comparte con países como Francia e Italia el reconocimiento legal e institucional de la economía social, así como una creciente articulación en sectores clave como el agrícola, el financiero y el de servicios sociales. Sin embargo, la comparación revela que aún falta consolidar un tejido cooperativo tan extenso y articulado como el de Italia, o un sistema de apoyo público tan estable como el desarrollado en Francia.

La mirada hacia América Latina ofrece lecciones diferentes. Allí, la economía social ha surgido muchas veces como respuesta a crisis y desigualdades estructurales, lo que la convierte en un laboratorio de resiliencia y autogestión. Las experiencias de empresas recuperadas en Argentina o las redes de microfinanzas en Brasil y México muestran cómo la participación ciudadana y la solidaridad comunitaria pueden suplir la ausencia de un Estado fuerte. España, aunque con un contexto más institucionalizado, puede aprender de estas prácticas de innovación social desde abajo.

En Asia y África, la economía social se vincula estrechamente con la lucha contra la pobreza y la inclusión de comunidades marginadas. Las cooperativas agrícolas africanas o el modelo de microcrédito en Bangladesh evidencian que la economía social es capaz de transformar la vida de millones de personas incluso en contextos de gran vulnerabilidad. Frente a ello, el caso español se sitúa en una posición más favorable en cuanto a recursos y estabilidad, pero enfrenta el desafío de no perder de vista la dimensión inclusiva y comunitaria de estas experiencias.

En términos de sostenibilidad, España ha logrado avances notables en energías renovables y en la integración de los Objetivos de Desarrollo Sostenible en sus políticas públicas. No obstante, sigue rezagada en ámbitos como la economía circular, la gestión del agua o la reducción de desigualdades territoriales. La comparación con modelos europeos de referencia, como los países nórdicos o Alemania, muestra que la sostenibilidad no puede limitarse a la transición energética, sino que debe abarcar una transformación integral del sistema productivo y social.

En definitiva, España ocupa una posición intermedia en el panorama internacional: ha consolidado un marco legal sólido y ha logrado avances destacados en determinados ámbitos, pero aún debe fortalecer la financiación, la innovación y la cohesión territorial de su economía social y de sus políticas de sostenibilidad. La observación de experiencias internacionales revela que no existe un único modelo, pero sí una constante: la economía social y la sostenibilidad se consolidan como herramientas imprescindibles para construir sociedades más justas, resilientes y respetuosas con el medio ambiente.

Capítulo 6.

Indicadores económicos y sociales.

6.1. Indicadores de empleo y cohesión social.

El empleo constituye uno de los indicadores más relevantes para evaluar tanto la situación económica de un país como el grado de cohesión social alcanzado. No se trata únicamente de medir el número de personas ocupadas, sino de analizar también la calidad del trabajo, la estabilidad de los contratos, los niveles salariales y las oportunidades de inserción para colectivos tradicionalmente vulnerables. En este sentido, el mercado laboral español ofrece una radiografía compleja: combina logros indiscutibles en generación de empleo con problemas estructurales que condicionan la cohesión social.

En términos cuantitativos, la tasa de paro ha sido históricamente uno de los principales desafíos de España. Tras alcanzar niveles dramáticos durante la crisis financiera de 2008, cuando superó el 25 %, el desempleo se ha ido reduciendo en la última década, situándose en torno al 10,3 % en 2025. Esta cifra, aunque significativamente mejor que en años anteriores, continúa siendo elevada en comparación con la media de la Unión Europea, que ronda el 6 %. La persistencia de este diferencial refleja debilidades estructurales en el modelo productivo, marcado por la temporalidad, la estacionalidad y una baja productividad en determinados sectores.

El desempleo juvenil es uno de los indicadores más preocupantes. Con tasas que superan el 23 % en 2025, España sigue estando entre los países con mayores dificultades para integrar a los jóvenes en el mercado laboral. Esta situación no solo limita las expectativas de emancipación y estabilidad vital de una generación, sino que también supone un coste social y económico de gran envergadura, al desaprovechar el talento y las competencias de los trabajadores más jóvenes.

En lo que respecta a la calidad del empleo, los datos muestran una recuperación tras la reforma laboral de 2021, que impulsó la contratación indefinida y redujo la temporalidad. Aun así, persisten fenómenos como la precariedad salarial, la parcialidad involuntaria o las dificultades para conciliar la vida laboral y familiar, que afectan especialmente a las mujeres y a los trabajadores jóvenes.

La relación entre empleo y cohesión social es directa. La exclusión del mercado laboral, la inestabilidad contractual o la falta de ingresos suficientes generan desigualdades que se reflejan en indicadores como el riesgo de pobreza o exclusión social (AROPE), que afecta a más del 26 % de la población española. Este dato evidencia que tener empleo no siempre garantiza condiciones de vida dignas, ya que el problema de los *trabajadores pobres* sigue siendo una realidad.

Asimismo, los indicadores de cohesión social no pueden limitarse al mercado laboral. Factores como la integración de inmigrantes, la igualdad de género en el acceso al trabajo y la reducción de la brecha territorial en empleo y oportunidades resultan esenciales para medir el grado de cohesión de una sociedad. En España, la mayor parte de los flujos migratorios se han integrado en sectores intensivos en mano de obra, como la construcción, la hostelería o la agricultura, lo que plantea retos específicos de inclusión social y laboral.

Este principal indicador de desempleo ha evolucionado a lo largo del año de la siguiente forma:

Ilustración 8: Evolución de la tasa de paro en España (2000 - 2024)

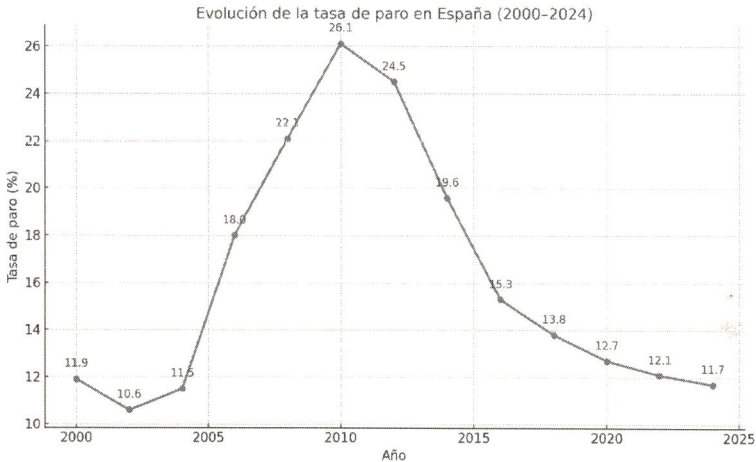

En resumen, los indicadores de empleo y cohesión social en España muestran una mejora clara en el volumen de ocupación y en la estabilidad contractual, pero al mismo tiempo revelan persistentes desigualdades y fragilidades estructurales. El empleo sigue siendo un espejo fiel de las tensiones entre crecimiento económico y justicia social: mientras se generan oportunidades, aún queda mucho por hacer para garantizar que estas sean estables, equitativas y accesibles para toda la población.

6.2. Indicadores de desigualdad y pobreza.

La desigualdad y la pobreza constituyen dos dimensiones fundamentales para evaluar el bienestar de una sociedad. No basta con medir el crecimiento económico agregado: resulta imprescindible analizar cómo se distribuyen los frutos de ese crecimiento y en qué medida los sectores más vulnerables de la población pueden acceder a los recursos y oportunidades necesarias para llevar una vida digna. En el caso de España, los indicadores disponibles muestran una evolución ambivalente: avances en determinados periodos de expansión económica, pero también retrocesos durante las crisis que han profundizado las brechas sociales.

Uno de los indicadores más utilizados para medir la desigualdad es el coeficiente de Gini, que oscila entre 0 (igualdad perfecta) y 100 (desigualdad total). En España, este índice se sitúa en torno a 33 en 2024, una cifra superior a la media de la Unión Europea, que ronda el 30. Ello refleja que, pese a la existencia de un sistema de bienestar consolidado, la distribución de la renta en España es menos equitativa que en países del entorno. Las desigualdades se agravan en momentos de crisis, como ocurrió tras el colapso financiero de 2008, cuando el desempleo masivo incrementó las diferencias de ingresos entre hogares.

En relación con la pobreza, el indicador más relevante en el marco europeo es el AROPE (*At Risk of Poverty or Social Exclusion*), que combina tres dimensiones: el riesgo de pobreza relativa, la carencia material severa y la baja intensidad laboral en los hogares. En España, este indicador afecta a más del 26 % de la población en 2024, situando al país por encima de la media europea y evidenciando la persistencia de vulnerabilidades estructurales. Los colectivos más afectados son los menores, los hogares monoparentales, los inmigrantes y las personas con empleos precarios.

Otro aspecto relevante es la pobreza infantil. Según datos de UNICEF y del INE, cerca del 27 % de los niños en España vive en riesgo de pobreza o exclusión social, uno de los porcentajes más altos de la Unión Europea. Esta situación tiene consecuencias de largo plazo, ya que limita el acceso a una alimentación adecuada, a recursos educativos y a actividades de ocio y socialización, perpetuando un ciclo intergeneracional de desigualdad.

La desigualdad también se manifiesta en el acceso a la vivienda. El peso del gasto en alquiler sobre la renta disponible de los hogares jóvenes ha aumentado significativamente en la última década, generando lo que algunos analistas denominan "pobreza habitacional". Este fenómeno se traduce en dificultades para emanciparse, sobreendeudamiento y concentración de la pobreza en determinadas zonas urbanas.

A su vez, la desigualdad territorial es otro rasgo característico del caso español. Las diferencias en renta per cápita entre comunidades autónomas son notables: mientras regiones como Madrid, País Vasco o Cataluña superan la media nacional en más de un 20 %, otras como Extremadura o Andalucía se sitúan muy por debajo. Estas disparidades reflejan tanto diferencias históricas en la estructura productiva como la insuficiencia de políticas redistributivas capaces de garantizar una cohesión territorial más sólida.

En términos de género, la brecha salarial sigue siendo significativa, situándose en torno al 18 % en 2023, aunque con una tendencia descendente respecto a la década anterior. La mayor presencia de mujeres en empleos a tiempo parcial y en sectores peor remunerados explica buena parte de esta diferencia.

En suma, los indicadores de desigualdad y pobreza en España muestran que, a pesar de disponer de un Estado del bienestar desarrollado, el país sigue enfrentando vulnerabilidades importantes. La mejora del empleo y del crecimiento económico no siempre se traduce en una reducción proporcional de las desigualdades, lo que pone de relieve la necesidad de reforzar las políticas redistributivas y de cohesión social.

6.3. Indicadores de salud y educación.

La salud y la educación son dos de los pilares fundamentales del bienestar social y, al mismo tiempo, indicadores clave para evaluar la calidad de un sistema de desarrollo. No se trata únicamente de medir el acceso a servicios básicos, sino de analizar su calidad, equidad y capacidad para reducir desigualdades. En el caso de España, los indicadores en estos ámbitos reflejan una combinación de fortalezas históricas y de retos persistentes.

En el terreno de la salud, España se sitúa entre los países con mejores resultados a nivel mundial. La esperanza de vida al nacer, que alcanza los 83,5 años en 2023, es una de las más altas del planeta, gracias al acceso universal a la sanidad, a la cobertura de vacunación y a una dieta mediterránea que ha demostrado beneficios para la salud. El sistema sanitario español, basado en un modelo público y descentralizado, garantiza la atención universal, lo que lo convierte en un pilar del Estado del bienestar.

Sin embargo, los indicadores también muestran tensiones. El gasto sanitario público representa en torno al 6,8 % del PIB, una cifra inferior a la media de la UE, que ronda el 8 %. Esta diferencia se traduce en problemas como listas de espera prolongadas, desigualdades en la prestación entre comunidades autónomas y sobrecarga en la atención primaria. Además, fenómenos emergentes como el envejecimiento de la población o el incremento de enfermedades crónicas plantean un reto de sostenibilidad financiera y organizativa.

Otro indicador relevante es la satisfacción ciudadana con el sistema sanitario. Encuestas recientes sitúan a España en posiciones altas en comparación europea, pero con una tendencia descendente tras la pandemia de la COVID-19, debido al colapso temporal de hospitales y centros de salud. La resiliencia del sistema se mantiene, pero con una necesidad urgente de reforzar la financiación y los recursos humanos.

En el ámbito de la educación, los datos reflejan también un balance mixto. La tasa de escolarización es prácticamente universal en las etapas obligatorias, y la tasa de abandono escolar temprano, que superaba el 30 % en 2008, ha descendido hasta el 13,9 % en 2023. Esta mejora refleja los esfuerzos de políticas públicas orientadas a la retención de alumnos y al refuerzo de la formación profesional.

En cuanto al nivel educativo alcanzado, España ha registrado un notable incremento en la proporción de titulados universitarios, situándose por encima de la media de la OCDE. No obstante, persisten problemas de rendimiento académico en etapas intermedias: los informes PISA continúan señalando debilidades en matemáticas y comprensión lectora, con resultados inferiores a la media de la UE.

La equidad educativa es otro aspecto clave. Las desigualdades socioeconómicas se reflejan en el acceso a recursos educativos, como academias privadas, formación complementaria o conectividad digital. La pandemia puso en evidencia la brecha digital entre estudiantes de distinto origen social, lo que resalta la importancia de políticas que garanticen igualdad de oportunidades.

Finalmente, la relación entre educación y mercado laboral sigue siendo un desafío. Aunque España cuenta con una población universitaria cada vez más numerosa, la sobrecualificación y la falta de encaje entre oferta educativa y demanda de empleo generan frustración y desaprovechamiento de capital humano. La apuesta por la formación profesional dual y la actualización constante de planes de estudio se presentan como claves para mejorar este vínculo.

En suma, los indicadores de salud y educación en España muestran logros notables en términos de acceso y cobertura, pero también revelan desequilibrios en financiación, calidad y equidad. Ambos sistemas son esenciales no solo como derechos básicos, sino como motores de cohesión social y desarrollo económico, lo que exige reforzar su sostenibilidad y adaptarlos a los desafíos del siglo XXI.

6.4. Indicadores medioambientales y de sostenibilidad.

El análisis de los indicadores medioambientales resulta esencial para comprender hasta qué punto un país avanza hacia un modelo de desarrollo sostenible. En el caso de España, la información disponible refleja una trayectoria de claros avances en determinados ámbitos —especialmente en energías renovables y reducción de emisiones—, pero también la persistencia de problemas estructurales que ponen en cuestión la sostenibilidad a largo plazo.

Uno de los indicadores más relevantes es el de emisiones de gases de efecto invernadero (GEI). Tras alcanzar un máximo histórico en 2005, España ha reducido sus emisiones en casi un 40 %, situándose en 2023 en torno a los 270 millones de toneladas de CO_2 equivalente. Este logro se debe en gran parte a la expansión de las energías renovables, a la disminución del uso del carbón y a mejoras en la eficiencia energética. Sin embargo, el sector del transporte sigue siendo responsable de casi un tercio de las emisiones, lo que evidencia la necesidad de acelerar la electrificación de la movilidad y el desarrollo de infraestructuras de recarga.

La matriz energética constituye otro ámbito de interés. En 2024, más del 56 % de la electricidad generada en España procedía de fuentes renovables, superando la media de la Unión Europea. La energía eólica y la solar fotovoltaica son los pilares de este cambio, mientras que tecnologías emergentes como el hidrógeno verde comienzan a desarrollarse con apoyo público y privado. Pese a ello, el consumo final de energía sigue dependiendo en gran medida de los combustibles fósiles, lo que plantea un reto de descarbonización en sectores como la industria y el transporte de larga distancia.

El uso del agua es un indicador crítico para un país sometido a un fuerte estrés hídrico. A pesar de las inversiones en modernización de regadíos y depuración, España enfrenta graves problemas de sobreexplotación de acuíferos, gestión ineficiente de recursos y tensiones territoriales en torno a trasvases. Según el Ministerio para la Transición Ecológica, cerca del 75 % del territorio español se encuentra en riesgo de desertificación, lo que convierte la gestión del agua en uno de los principales desafíos de sostenibilidad.

En cuanto a residuos y economía circular, España recicla alrededor del 45 % de los residuos municipales (2023), por debajo del objetivo europeo del 60 % fijado para 2030. Las diferencias regionales son notables: mientras algunas comunidades autónomas se acercan a los estándares europeos, otras muestran niveles muy bajos de recogida selectiva. La implantación del impuesto a los plásticos de un solo uso y la prohibición de determinados productos desechables representan pasos importantes, pero aún insuficientes para transformar de forma estructural los patrones de producción y consumo.

La biodiversidad es otro ámbito clave. España alberga más del 30 % de la biodiversidad europea y cuenta con una extensa red de espacios naturales protegidos, que cubren aproximadamente el 27 % del territorio. Sin embargo, la presión urbanística, la intensificación agrícola y los efectos del cambio climático amenazan numerosos ecosistemas, desde humedales como Doñana hasta bosques mediterráneos y áreas de montaña.

Finalmente, los indicadores de sostenibilidad urbana muestran un proceso incipiente pero creciente de transformación. Las zonas de bajas emisiones implantadas en ciudades como Madrid o Barcelona, los proyectos de movilidad eléctrica compartida y la rehabilitación energética de edificios son ejemplos de iniciativas que buscan reducir el impacto ambiental de los entornos urbanos.

En suma, los indicadores medioambientales y de sostenibilidad en España reflejan una paradoja: el país es líder europeo en energías renovables y ha reducido significativamente sus emisiones, pero al mismo tiempo enfrenta graves riesgos en agua, residuos y biodiversidad. La sostenibilidad no puede evaluarse únicamente por los avances energéticos, sino que exige un enfoque integral que abarque todos los ecosistemas y sectores productivos.

6.5. Conclusiones del capítulo 6.

El recorrido por los principales indicadores económicos y sociales en España revela una realidad compleja, marcada por avances significativos en algunos ámbitos y por persistentes debilidades en otros. Estos indicadores, al combinar dimensiones laborales, sociales, sanitarias, educativas y medioambientales, permiten trazar un diagnóstico más completo del bienestar del país que el que ofrecen las métricas puramente económicas.

En el terreno del empleo y la cohesión social, España ha logrado reducir la tasa de paro y avanzar hacia una mayor estabilidad contractual tras la reforma laboral de 2021. Sin embargo, el desempleo juvenil, la precariedad salarial y la desigualdad de oportunidades siguen siendo obstáculos estructurales para la cohesión. El empleo se confirma, así, como uno de los principales vectores de exclusión o integración social.

Los indicadores de desigualdad y pobreza muestran una situación preocupante. Aunque la recuperación económica ha reducido parcialmente las brechas sociales, el coeficiente de Gini sigue siendo superior a la media europea y el riesgo de pobreza o exclusión social afecta a más de una cuarta parte de la población. La pobreza infantil y la desigualdad territorial subrayan, además, que el crecimiento económico no siempre se traduce en mejoras equitativas.

Ilustración 9: Evolución del coeficiente de Gini: España vs. UE (2004 - 2022)

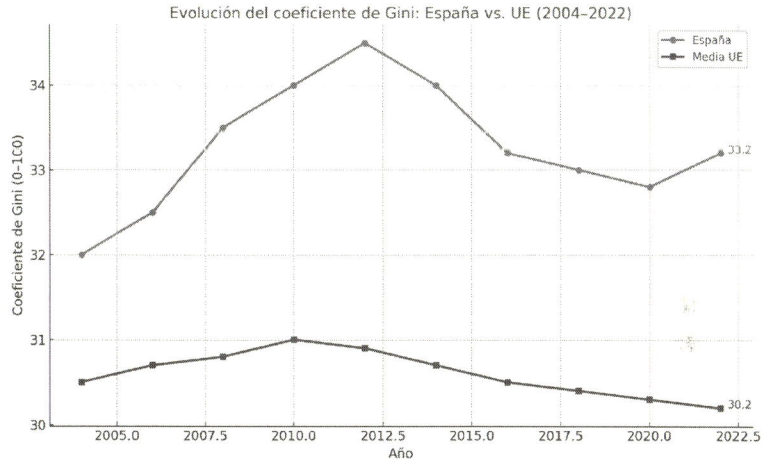

En materia de salud y educación, los datos son más alentadores. España mantiene uno de los sistemas sanitarios más sólidos del mundo, con una esperanza de vida elevada y una cobertura universal que constituye un pilar del bienestar. No obstante, la insuficiente financiación pública y la presión derivada del envejecimiento poblacional plantean retos de sostenibilidad. En educación, la mejora en la reducción del abandono escolar temprano es significativa, pero persisten problemas de calidad y equidad, especialmente vinculados a la brecha socioeconómica y digital.

Los indicadores medioambientales y de sostenibilidad reflejan una paradoja. España se sitúa en la vanguardia europea en energías renovables y reducción de emisiones, pero enfrenta retos graves en la gestión del agua, los residuos y la biodiversidad. El país muestra liderazgo en algunos ámbitos de la transición ecológica, pero también vulnerabilidades que comprometen su capacidad para garantizar un desarrollo verdaderamente sostenible.

En conjunto, los indicadores analizados ponen de relieve que España se encuentra en un punto intermedio: ha avanzado notablemente en la consolidación de su Estado del bienestar y en la transición energética, pero aún arrastra desigualdades sociales, territoriales y medioambientales que limitan su cohesión. La clave para el futuro estará en articular políticas integrales que conecten empleo, equidad social y sostenibilidad, de modo que los progresos alcanzados se traduzcan en mejoras tangibles y generalizadas para toda la población.

Capítulo 7.

Debate crítico: eficiencia vs. Equidad.

7.1. La eficiencia como criterio económico clásico.

La eficiencia ha sido, desde los orígenes de la ciencia económica, uno de los criterios fundamentales para evaluar el funcionamiento de los sistemas productivos y distributivos. En su formulación más clásica, la eficiencia se entiende como la capacidad de una economía para asignar los recursos disponibles de manera que se maximice la producción total o, dicho de otro modo, que se obtenga el mayor beneficio posible con los medios limitados de que se dispone.

La concepción de eficiencia se encuentra estrechamente vinculada a los aportes de la economía neoclásica, especialmente al concepto de eficiencia de Pareto. Según este principio, una situación económica es eficiente cuando no es posible mejorar la situación de un individuo sin empeorar la de otro. Este criterio, aparentemente neutral y técnico, ha ejercido una gran influencia en el pensamiento económico y en la formulación de políticas públicas, al centrarse en la asignación óptima de recursos sin entrar a valorar cuestiones distributivas.

El atractivo de la eficiencia radica en su capacidad para ofrecer un marco analítico objetivo, que permite evaluar el funcionamiento de mercados y políticas sin recurrir a juicios normativos sobre la justicia social. En este sentido, los defensores de la eficiencia sostienen que una economía eficiente genera más riqueza agregada y, en consecuencia, crea un marco más favorable para que los Estados puedan, si así lo deciden, redistribuir recursos.

La eficiencia, además, ha sido tradicionalmente asociada con la idea de crecimiento económico. Un sistema productivo que utiliza sus recursos de manera eficaz puede aumentar el PIB y, con ello, mejorar el bienestar material de la sociedad. De hecho, durante buena parte del siglo XX, los economistas y los responsables políticos asumieron que el crecimiento sostenido bastaba para reducir la pobreza y mejorar las condiciones de vida.

Sin embargo, esta visión clásica de la eficiencia presenta limitaciones notables. En primer lugar, se centra en el volumen agregado de producción y consumo, sin atender a cómo se distribuyen los beneficios. Una economía puede ser eficiente en términos de Pareto y, sin embargo, mantener niveles de desigualdad extremadamente altos. En segundo lugar, la eficiencia clásica ha tendido a ignorar los costes sociales y ambientales del crecimiento, como la degradación de ecosistemas, la precariedad laboral o las externalidades negativas en salud pública.

A pesar de estas críticas, la eficiencia sigue siendo un criterio central en la toma de decisiones económicas. Gobiernos, empresas e instituciones internacionales suelen justificar reformas y políticas en nombre de la eficiencia, ya sea en la flexibilización del mercado laboral, en la liberalización de sectores estratégicos o en la asignación de presupuestos públicos. Ello refleja la vigencia de un paradigma que, aunque incompleto, continúa ofreciendo herramientas analíticas potentes y ampliamente utilizadas.

En definitiva, la eficiencia como criterio económico clásico representa un punto de partida indispensable, pero no suficiente, para analizar el bienestar social. Su fortaleza reside en la claridad conceptual y en la capacidad para evaluar asignaciones de recursos, pero su debilidad fundamental está en la ausencia de consideraciones sobre la equidad y la sostenibilidad, cuestiones que han cobrado una relevancia creciente en las últimas décadas.

7.2 El valor de la equidad en el análisis económico y social

Frente a la noción clásica de eficiencia, el criterio de equidad introduce una dimensión ética y social en el análisis económico. Mientras la eficiencia se limita a evaluar la asignación de recursos en términos de productividad y maximización del bienestar agregado, la equidad se centra en la distribución de esos recursos y oportunidades, preguntándose si los resultados alcanzados son justos y aceptables desde el punto de vista social.

La equidad no es un concepto unívoco, sino que admite diversas interpretaciones. En su forma más básica, puede entenderse como igualdad de oportunidades, es decir, garantizar que todas las personas tengan acceso a los mismos recursos básicos —educación, salud, empleo digno— independientemente de su origen social, género o lugar de nacimiento. En un sentido más amplio, la equidad también puede referirse a la igualdad de resultados, lo que implicaría reducir al mínimo las desigualdades en renta y riqueza entre individuos y grupos sociales.

En el ámbito económico, la equidad se ha convertido en un tema central a partir de la constatación de que el crecimiento por sí solo no basta para reducir la pobreza ni para garantizar cohesión social. La experiencia de las últimas décadas ha mostrado que es posible registrar incrementos sostenidos del PIB al mismo tiempo que aumentan la desigualdad y la exclusión. De ahí que economistas como Amartya Sen hayan subrayado que el desarrollo debe concebirse no solo como crecimiento económico, sino como expansión de capacidades: la verdadera medida del progreso es la posibilidad de que todas las personas puedan llevar la vida que valoran.

En España, los indicadores sociales han puesto de relieve la importancia de la equidad como criterio de política pública. La persistencia de altas tasas de pobreza infantil, el desempleo juvenil y la desigualdad territorial muestran que, sin medidas redistributivas, el crecimiento económico genera beneficios desiguales y perpetúa brechas estructurales. El sistema de bienestar —sanidad universal, educación pública, pensiones— ha sido fundamental para mejorar la equidad, pero las tensiones derivadas de las crisis económicas y de la presión demográfica ponen a prueba su sostenibilidad.

La equidad también está estrechamente ligada a la legitimidad política y social de las decisiones económicas. Una sociedad percibida como injusta en la distribución de riqueza y oportunidades es más vulnerable a conflictos sociales, desafección política y populismos. De ahí que la equidad no sea solo una cuestión ética, sino también un elemento pragmático para garantizar la estabilidad y la cohesión de un país.

Por otra parte, la equidad se relaciona de manera directa con la sostenibilidad. Las políticas ambientales que no tienen en cuenta sus efectos distributivos pueden generar resistencias sociales y frenar la transición ecológica. Así, conceptos como transición justa han ganado relevancia en la agenda internacional: se trata de asegurar que los costes de la transición hacia una economía verde no recaigan de manera desproporcionada sobre los colectivos más vulnerables.

En definitiva, la equidad aporta al análisis económico y social una dimensión imprescindible, complementaria a la eficiencia. Si la eficiencia busca maximizar el tamaño de la tarta, la equidad se pregunta cómo se reparte esa tarta y si todos los miembros de la sociedad reciben una parte justa. En un contexto global marcado por crecientes desigualdades, crisis climática y tensiones sociales, la equidad ya no puede considerarse un criterio secundario, sino un principio rector de las políticas públicas y de la evaluación del progreso.

7.3. Tensiones y complementariedades entre eficiencia y equidad.

El debate entre eficiencia y equidad constituye uno de los dilemas más recurrentes de la economía y de la política pública. Tradicionalmente, se ha considerado que ambos criterios se encuentran en tensión: las políticas orientadas a mejorar la equidad —a través de redistribución de la renta, subsidios o regulación del mercado— pueden generar distorsiones que reducen la eficiencia productiva, mientras que la búsqueda de la máxima eficiencia, al dejar que los mercados operen sin intervención, puede derivar en desigualdades sociales difíciles de sostener.

Este dilema se refleja en lo que algunos economistas denominan la "curva de eficiencia-equidad", según la cual existe un trade-off entre ambas dimensiones: ganar en equidad implica perder en eficiencia, y viceversa. Por ejemplo, un sistema fiscal altamente progresivo puede redistribuir la renta y reducir la pobreza, pero al mismo tiempo podría desincentivar la inversión o la iniciativa empresarial si no está bien diseñado. Del mismo modo, liberalizar el mercado laboral puede aumentar la eficiencia en términos de flexibilidad, pero a costa de precarizar el empleo y generar desigualdad.

Sin embargo, esta visión de incompatibilidad absoluta resulta cada vez más cuestionada. Numerosos estudios y experiencias prácticas muestran que eficiencia y equidad pueden ser complementarias, en la medida en que sociedades más equitativas suelen generar también mejores resultados económicos a largo plazo. Una distribución excesivamente desigual de la renta puede limitar la demanda agregada, dificultar la inversión en capital humano y reducir la estabilidad política, todo lo cual acaba afectando negativamente a la eficiencia.

La evidencia empírica en países nórdicos, por ejemplo, demuestra que es posible combinar altos niveles de equidad con elevados grados de eficiencia y competitividad. Allí, sistemas fiscales progresivos, servicios públicos universales y políticas activas de empleo no han frenado el crecimiento, sino que lo han acompañado, mostrando que un Estado del bienestar robusto puede ser una ventaja competitiva.

En el caso español, la tensión entre eficiencia y equidad se manifiesta en debates concretos como la reforma fiscal, el diseño del mercado laboral o las políticas de vivienda. Los defensores de la eficiencia suelen argumentar que reducir la presión fiscal o flexibilizar las condiciones laborales favorece la inversión y el crecimiento. Los defensores de la equidad, en cambio, insisten en que sin una redistribución efectiva y sin garantías sociales, el crecimiento económico reproduce desigualdades y mina la cohesión social.

El reto, por tanto, no consiste en elegir entre eficiencia o equidad, sino en encontrar equilibrios dinámicos que permitan compatibilizar ambos criterios. Una fiscalidad progresiva que incentive al mismo tiempo la innovación, políticas laborales que combinen flexibilidad con seguridad, o políticas ambientales que aseguren una transición justa son ejemplos de cómo integrar eficiencia y equidad en estrategias comunes.

En última instancia, el debate entre eficiencia y equidad no debe interpretarse como un juego de suma cero, sino como una dialéctica complementaria. La eficiencia garantiza el crecimiento y la generación de riqueza, mientras que la equidad asegura que ese crecimiento se traduzca en bienestar colectivo y cohesión social. Cuando ambas dimensiones se integran de manera equilibrada, el resultado no es solo un sistema económico más justo, sino también más resiliente y sostenible a largo plazo.

7.4. La sostenibilidad como síntesis entre eficiencia y equidad.

La sostenibilidad se ha convertido en el concepto capaz de superar la dicotomía tradicional entre eficiencia y equidad, integrando ambas dimensiones en una visión más amplia y de largo plazo. Mientras la eficiencia se centra en la asignación óptima de recursos y la equidad en su justa distribución, la sostenibilidad introduce un tercer criterio: la preservación de los recursos naturales y sociales para garantizar el bienestar de las generaciones presentes y futuras.

En este sentido, la sostenibilidad actúa como síntesis porque obliga a replantear la noción misma de eficiencia. Una economía puede ser eficiente en términos de Pareto en el corto plazo, pero si esa asignación de recursos destruye ecosistemas, agota acuíferos o genera desigualdades sociales insostenibles, dejará de serlo en el largo plazo. La sostenibilidad amplía, así, el horizonte temporal de la eficiencia, vinculándola con la resiliencia y con la capacidad de mantener el bienestar en el tiempo.

Del mismo modo, la sostenibilidad redefine la equidad, incorporando no solo la equidad intrageneracional —la justicia en la distribución de la riqueza y oportunidades entre los individuos de una misma generación—, sino también la equidad intergeneracional, es decir, la obligación de no hipotecar el futuro de las próximas generaciones mediante decisiones presentes. Este principio, recogido en la definición de desarrollo sostenible del Informe Brundtland (1987), se ha convertido en la piedra angular de las agendas internacionales, desde la Cumbre de Río hasta la Agenda 2030.

La integración de eficiencia y equidad bajo el prisma de la sostenibilidad puede observarse en políticas concretas. Por ejemplo, la transición energética busca reducir emisiones (eficiencia ecológica), generar nuevas oportunidades económicas (eficiencia productiva) y garantizar que los costes no recaigan sobre los colectivos más vulnerables (equidad social). Del mismo modo, la economía circular combina el aprovechamiento máximo de recursos (eficiencia) con la reducción de residuos que afectan de manera desproporcionada a comunidades empobrecidas (equidad).

España ofrece ejemplos ilustrativos de esta síntesis. Las políticas de transición justa aplicadas en comarcas mineras buscan compatibilizar la eficiencia —cerrar industrias contaminantes y avanzar hacia energías limpias— con la equidad —asegurar alternativas laborales y económicas para las comunidades afectadas—. Este enfoque reconoce que no basta con ser eficientes desde el punto de vista ambiental: la sostenibilidad exige integrar la justicia social en cada decisión.

La sostenibilidad, en definitiva, trasciende la oposición entre eficiencia y equidad y plantea una nueva forma de pensar el desarrollo. No se trata de sacrificar justicia en nombre del crecimiento, ni de frenar la innovación en nombre de la redistribución, sino de diseñar modelos productivos, sociales y ambientales que maximicen la eficiencia, aseguren la equidad y preserven los recursos comunes.

En un contexto global marcado por la crisis climática, la desigualdad social y la necesidad de reconstrucción tras crisis sucesivas, la sostenibilidad se erige como el único horizonte posible para reconciliar eficiencia y equidad. Representa no solo un ideal normativo, sino también una condición práctica para garantizar la supervivencia de los ecosistemas y la estabilidad de nuestras sociedades.

7.5. Conclusiones del capítulo 7.

El recorrido realizado en este capítulo ha mostrado cómo la tensión clásica entre eficiencia y equidad constituye uno de los dilemas más persistentes de la teoría económica y de la formulación de políticas públicas. Mientras la eficiencia ha sido tradicionalmente considerada el criterio central para evaluar la asignación de recursos, la equidad introduce la dimensión ética y distributiva que resulta imprescindible para valorar el bienestar social en su conjunto.

La eficiencia, entendida desde la tradición neoclásica como el logro de un óptimo de Pareto, ofrece un marco analítico claro y poderoso, pero limitado, al ignorar cuestiones distributivas y los costes sociales y ambientales del crecimiento. La equidad, por su parte, amplía el análisis económico al incorporar la justicia en la distribución de recursos y oportunidades, tanto dentro de la generación presente como entre generaciones futuras.

El debate entre ambas dimensiones ha sido planteado a menudo en términos de trade-off, como si se tratara de criterios irreconciliables. Sin embargo, la evidencia empírica demuestra que eficiencia y equidad pueden reforzarse mutuamente. Sociedades con mayores niveles de equidad suelen mostrar también mayor estabilidad política, cohesión social y capacidad para sostener el crecimiento económico en el largo plazo. De este modo, la equidad deja de ser un obstáculo para la eficiencia y se convierte en una condición para garantizarla.

La sostenibilidad aparece como la clave de síntesis entre estos dos criterios. Al ampliar el horizonte temporal de la eficiencia y profundizar la noción de equidad hacia la dimensión intergeneracional, la sostenibilidad redefine las bases del desarrollo económico. Políticas como la transición energética o la economía circular muestran que es posible combinar eficiencia en el uso de recursos, justicia en la distribución de costes y beneficios, y preservación de los ecosistemas.

En conclusión, el debate entre eficiencia y equidad no puede resolverse en términos de oposición excluyente, sino de integración. La eficiencia asegura la creación de riqueza, la equidad garantiza su justa distribución, y la sostenibilidad articula ambas dimensiones en un proyecto de largo plazo. Solo desde esta perspectiva integradora puede construirse un modelo económico capaz de responder a los desafíos actuales: la crisis climática, la desigualdad social y la necesidad de garantizar un futuro digno para las próximas generaciones.

Capítulo 8.

Conclusiones.

El análisis desarrollado a lo largo de este libro permite afirmar que la economía social y la sostenibilidad constituyen hoy dos pilares inseparables de un modelo de desarrollo que aspira a ser inclusivo, resiliente y respetuoso con los límites del planeta. España, inmersa en un contexto global marcado por la crisis climática, las transformaciones tecnológicas y las crecientes desigualdades sociales, se enfrenta al reto de integrar de manera coherente ambos enfoques en sus políticas públicas y en la vida cotidiana de sus ciudadanos.

En el primer capítulo, hemos visto cómo la economía social ha dejado de ser un conjunto marginal de experiencias cooperativas y mutualistas para convertirse en un sector con identidad propia, respaldado por la Ley 5/2011 y con un peso significativo en el empleo y el PIB. Su valor diferencial radica en situar a las personas en el centro de la actividad productiva, demostrando que es posible conjugar eficiencia económica con democracia interna, cohesión territorial e inclusión social.

La reflexión sobre la economía del bienestar mostró que el progreso de un país no puede medirse exclusivamente a través del PIB. Indicadores como la esperanza de vida, la educación, la igualdad de género o la reducción de la pobreza revelan una visión más amplia y compleja del bienestar social. En este terreno, España ha avanzado notablemente, pero sigue enfrentando desigualdades persistentes que limitan su cohesión.

El capítulo dedicado al desarrollo sostenible y la economía verde evidenció los logros y desafíos de España en su transición ecológica. El país lidera en energías renovables y ha reducido sus emisiones, pero continúa enfrentando graves problemas en la gestión del agua, los residuos y la biodiversidad. La transición energética se presenta como una oportunidad histórica de modernización y competitividad, siempre que se garantice una transición justa que no deje atrás a las comunidades más vulnerables.

El análisis de las políticas públicas puso de relieve que España cuenta con un marco normativo ambicioso y alineado con la Agenda 2030 y el Pacto Verde Europeo. No obstante, la eficacia de estas políticas se ve limitada por la fragmentación territorial, la insuficiencia de la fiscalidad verde y la dificultad para transformar compromisos en resultados tangibles. La financiación, tanto pública como privada, emerge como un elemento decisivo para garantizar la continuidad de la transición.

La comparación con experiencias internacionales mostró que España ocupa una posición intermedia: comparte con Europa occidental el reconocimiento jurídico de la economía social y el compromiso con la sostenibilidad, pero carece del grado de consolidación del cooperativismo italiano, del apoyo institucional francés o de la capacidad innovadora de los países nórdicos. En contraste con América Latina, Asia o África, España cuenta con mayores recursos institucionales, pero puede aprender de sus experiencias en resiliencia comunitaria, autogestión y microfinanzas.

El repaso a los indicadores económicos y sociales confirmó la existencia de una paradoja: mientras España ha mejorado en empleo, educación y salud, persisten niveles elevados de desigualdad, pobreza infantil y desequilibrio territorial. En el plano medioambiental, el país combina liderazgo en renovables con vulnerabilidades graves en recursos hídricos y circularidad. Estos indicadores muestran que el desarrollo español se encuentra en una fase de transición incompleta hacia un modelo verdaderamente sostenible e inclusivo.

Finalmente, el debate sobre eficiencia y equidad subrayó que la sostenibilidad constituye el marco integrador capaz de superar esta dicotomía. Una economía puede ser eficiente y, a la vez, equitativa, siempre que incorpore criterios de justicia social e intergeneracional. La sostenibilidad redefine la eficiencia en clave de largo plazo y amplía la equidad hacia las generaciones futuras, ofreciendo un horizonte que trasciende el corto plazo y articula un proyecto de país.

En conclusión, España dispone de un enorme potencial para situarse en la vanguardia de la economía social y de la sostenibilidad. Su fortaleza radica en el dinamismo de sus actores sociales, en el marco institucional que ha ido construyendo y en los recursos naturales que le permiten liderar la transición energética. Sus debilidades, en cambio, se concentran en la persistencia de desigualdades sociales y territoriales, en la falta de estabilidad regulatoria y en la insuficiencia de una fiscalidad verde ambiciosa.

El futuro dependerá de la capacidad para integrar políticas económicas, sociales y ambientales en un mismo proyecto nacional, que conjugue competitividad con justicia, innovación con inclusión, y crecimiento con respeto a los límites ecológicos. Solo así la economía social y la sostenibilidad dejarán de ser conceptos aspiracionales para convertirse en la base efectiva de un modelo de desarrollo justo, democrático y duradero.

9. Bibliografía básica comentada.

- Ley 5/2011, de Economía Social.
Norma fundamental que reconoce y regula la economía social en España. Representa un hito en el reconocimiento jurídico e institucional de este sector, ofreciendo un marco estable para su desarrollo.

- Ministerio para la Transición Ecológica y el Reto Demográfico (MITECO).
Informes anuales sobre cambio climático, transición energética y gestión de recursos. Fuente primaria para comprender la evolución reciente de las políticas públicas españolas en sostenibilidad.

- INE (Instituto Nacional de Estadística).
Datos sobre empleo, desigualdad, salud, educación y medioambiente. Herramienta imprescindible para el análisis de los indicadores presentados en este libro.

- Eurostat.
Ofrece comparaciones internacionales de gran valor en empleo, desigualdad, fiscalidad ambiental y sostenibilidad. Permite situar la experiencia española en el contexto europeo.

- **Naciones Unidas (1987). Informe Brundtland:** *Nuestro Futuro Común.*

Documento fundacional del concepto de desarrollo sostenible. Introduce la idea de equidad intergeneracional y de respeto a los límites del planeta como principios rectores del desarrollo.

- **PNUD (Programa de las Naciones Unidas para el Desarrollo). Informes de Desarrollo Humano.**

Estos informes amplían la noción de bienestar más allá del PIB, incorporando educación, salud y desigualdad. Fuente esencial para el marco teórico del bienestar social.

- **Comisión Europea (2019).** *The European Green Deal.*

El Pacto Verde Europeo fija las bases de la transición ecológica en la Unión Europea. Es clave para comprender los compromisos que España ha asumido en materia de descarbonización y economía circular.

- **Sen, Amartya (1999).** *Desarrollo y libertad.*

- **Stiglitz, Joseph; Sen, Amartya; Fitoussi, Jean-Paul (2009).** *Mismeasuring Our Lives: Why GDP Doesn't Add Up.*

Informe que critica las limitaciones del PIB como indicador de progreso e impulsa la búsqueda de métricas alternativas que incorporen bienestar y sostenibilidad.

- **Carreras, Albert; Tafunell, Xavier (2005).** *Historia económica de la España contemporánea.*

Referencia esencial para entender el desarrollo económico español y la evolución de sus desigualdades territoriales, contexto indispensable para los capítulos comparativos.

- **Prados de la Escosura, Leandro (2010).** *La economía española en perspectiva histórica.*
Aporta una mirada de largo plazo sobre la evolución del bienestar en España, destacando cómo crecimiento, equidad y sostenibilidad han interactuado en diferentes etapas históricas.

- **Yunus, Muhammad (2007).** *Creating a World Without Poverty: Social Business and the Future of Capitalism.*
El fundador del Grameen Bank expone el papel de las microfinanzas y los negocios sociales en la lucha contra la pobreza. Inspirador para el análisis de modelos en Asia y África.

- **Elkington, John (1997).** *Cannibals with Forks: The Triple Bottom Line of 21st Century Business.*
Introduce el concepto de triple cuenta de resultados (*people, planet, profit*), clave para integrar sostenibilidad y gestión empresarial.

10. Bibliografía por capítulos.

Capítulo 1. Concepto de economía social
- Ley 5/2011, de 29 de marzo, de Economía Social. Boletín Oficial del Estado, nº 76, de 30 de marzo de 2011.
- Chaves, R., & Monzón, J. L. (2018). *La economía social en España en el horizonte 2020*. CIRIEC-España.
- Monzón, J. L., & Chaves, R. (2012). *La economía social en la Unión Europea*. Comité Económico y Social Europeo.

Capítulo 2. Economía del bienestar y su medición en España
- Stiglitz, J. E., Sen, A., & Fitoussi, J.-P. (2009). *Mismeasuring our lives: Why GDP doesn't add up*. Nueva York: The New Press.
- Sen, A. (1999). *Development as freedom*. Oxford: Oxford University Press.
- INE. (2024). *Indicadores de calidad de vida en España*. Madrid: INE. https://www.ine.es
- PNUD. (2023). *Informe sobre desarrollo humano*. Nueva York: Naciones Unidas. https://hdr.undp.org

Capítulo 3. Desarrollo sostenible y economía verde
- Naciones Unidas. (1987). *Informe Brundtland: Nuestro futuro común*. Nueva York: Naciones Unidas.

- Comisión Europea. (2019). *The European Green Deal*. Bruselas: Comisión Europea.
- Elkington, J. (1997). *Cannibals with forks: The triple bottom line of 21st century business*. Oxford: Capstone.
- MITECO. (2023). *Balance de emisiones y energía en España*. Madrid: Gobierno de España. https://www.miteco.gob.es

Capítulo 4. Políticas públicas para la sostenibilidad
- Ministerio para la Transición Ecológica y el Reto Demográfico (MITECO). (2024). *PNIEC 2021-2030: Plan Nacional Integrado de Energía y Clima*. Madrid.
- Comisión Europea. (2020). *Estrategia de economía circular para una Europa limpia y competitiva*. Bruselas.
- Eurostat. (2024). *Environmental statistics in the EU*. Luxemburgo: Oficina de Publicaciones de la Unión Europea.

Capítulo 5. Comparativa del caso nacional e internacionales
- Carreras, A., & Tafunell, X. (2005). *Historia económica de la España contemporánea*. Barcelona: Crítica.
- Prados de la Escosura, L. (2010). *La economía española en perspectiva histórica*. Madrid: Alianza Editorial.
- Yunus, M. (2007). *Creating a world without poverty: Social business and the future of capitalism*. Nueva York: PublicAffairs.
- Coraggio, J. L. (2011). *Economía social y solidaria: El trabajo antes que el capital*. Quito: Abya-Yala.

Capítulo 6. Indicadores económicos y sociales
- INE. (2024). *Encuesta de población activa, indicadores sociales y medioambientales*. Madrid. https://www.ine.es
- Eurostat. (2024). *Living conditions in Europe*. Luxemburgo: Oficina de Publicaciones de la Unión Europea.
- UNICEF España. (2023). *Estado mundial de la infancia: pobreza infantil y exclusión social en España*. Madrid.

Capítulo 7. Debate crítico: eficiencia vs. equidad

- Pareto, V. (1906). *Manuale di economia politica*. Milano: Società Editrice.
- Sen, A. (1992). *Inequality reexamined*. Cambridge: Harvard University Press.
- Atkinson, A. B. (2015). *Inequality: What can be done?* Cambridge: Harvard University Press.

Capítulo 8. Conclusiones

(Síntesis, se apoya en todas las fuentes anteriores, por lo que no añade referencias nuevas).

Bibliografía por capítulos (versión ampliada)
Capítulo 1. Concepto de economía social

- Chaves, R., & Monzón, J. L. (2018). *La economía social en España en el horizonte 2020*. CIRIEC-España.
- Defourny, J., & Nyssens, M. (2012). *The EMES approach of social enterprise in a comparative perspective*. EMES Working Papers.
- Ley 5/2011, de 29 de marzo, de Economía Social. Boletín Oficial del Estado, nº 76, de 30 de marzo de 2011.
- Monzón, J. L., & Chaves, R. (2012). *La economía social en la Unión Europea*. Comité Económico y Social Europeo.
- Pérez de Mendiguren, J. C. (2006). *Economía social y solidaria: Una visión de conjunto*. Bilbao: Hegoa.
- CIRIEC. (2016). *Manual de economía social*. Valencia: CIRIEC.
- Laville, J. L. (2010). *The solidarity economy: An international movement*. RCCS Annual Review, 2, 1-11.
- Barea, J., & Monzón, J. L. (2002). *La economía social en España*. Fundación ONCE.

Capítulo 2. Economía del bienestar y su medición en España

- Atkinson, A. B. (2015). *Inequality: What can be done?* Cambridge: Harvard University Press.
- PNUD. (2023). *Informe sobre desarrollo humano.* Nueva York: Naciones Unidas.
- Stiglitz, J. E., Sen, A., & Fitoussi, J.-P. (2009). *Mismeasuring our lives: Why GDP doesn't add up.* Nueva York: The New Press.
- Sen, A. (1999). *Development as freedom.* Oxford: Oxford University Press.
- INE. (2024). *Indicadores de calidad de vida en España.* Madrid: INE.
- Eurostat. (2024). *Quality of life indicators in the EU.* Luxemburgo: Oficina de Publicaciones de la Unión Europea.
- OECD. (2022). *How's life? Measuring well-being.* París: OECD Publishing.
- Fitoussi, J. P., & Rosanvallon, P. (1996). *La nueva era de las desigualdades.* Buenos Aires: Manantial.

Capítulo 3. Desarrollo sostenible y economía verde

- Naciones Unidas. (1987). *Informe Brundtland: Nuestro futuro común.* Nueva York: Naciones Unidas.
- Comisión Europea. (2019). *The European Green Deal.* Bruselas: Comisión Europea.
- Elkington, J. (1997). *Cannibals with forks: The triple bottom line of 21st century business.* Oxford: Capstone.
- MITECO. (2023). *Balance de emisiones y energía en España.* Madrid: Gobierno de España.
- OECD. (2021). *Green growth indicators.* París: OECD Publishing.
- Rockström, J., et al. (2009). *A safe operating space for humanity.* Nature, 461(7263), 472-475.

- Sachs, J. D. (2015). *The age of sustainable development.* New York: Columbia University Press.
- Meadows, D. H., Meadows, D. L., Randers, J., & Behrens, W. (1972). *The limits to growth.* New York: Universe Books.

Capítulo 4. Políticas públicas para la sostenibilidad
- Ministerio para la Transición Ecológica y el Reto Demográfico (MITECO). (2024). *PNIEC 2021-2030: Plan Nacional Integrado de Energía y Clima.* Madrid.
- Comisión Europea. (2020). *Estrategia de economía circular para una Europa limpia y competitiva.* Bruselas.
- Eurostat. (2024). *Environmental statistics in the EU.* Luxemburgo: Oficina de Publicaciones de la Unión Europea.
- OCDE. (2021). *Policy instruments for the environment database.* París: OECD Publishing.
- Esteban, M., & Calvo, F. (2017). *La política ambiental en España: avances y retos.* Revista de Estudios Políticos, (178), 33-57.
- Jacobs, M. (2016). *Green growth: Economic theory and political discourse.* Futures, 44(4), 431-441.
- Jordan, A., & Adelle, C. (Eds.). (2012). *Environmental policy in the EU.* Londres: Routledge.
- Cazorla, A., De los Ríos, I., & Díaz-Puente, J. M. (2013). *La gobernanza de la sostenibilidad en España.* Madrid: Universidad Politécnica de Madrid.

Capítulo 5. Comparativa del caso nacional e internacionales
- Carreras, A., & Tafunell, X. (2005). *Historia económica de la España contemporánea.* Barcelona: Crítica.
- Prados de la Escosura, L. (2010). *La economía española en perspectiva histórica.* Madrid: Alianza Editorial.

- Yunus, M. (2007). *Creating a world without poverty: Social business and the future of capitalism.* Nueva York: PublicAffairs.
- Coraggio, J. L. (2011). *Economía social y solidaria: El trabajo antes que el capital.* Quito: Abya-Yala.
- Defourny, J., & Nyssens, M. (2010). *Social enterprise in Europe: At the crossroads of market, public policies and third sector.* Policy and Society, 29(3), 231-242.
- Utting, P. (2015). *Social and solidarity economy: Beyond the fringe.* Londres: Zed Books.
- Laville, J. L., & Salmon, A. (2015). *La economía solidaria en perspectiva internacional.* Revista de Economía Crítica, (20), 80-97.
- Birchall, J. (2012). *The potential of co-operatives during the current recession: Theorizing comparative advantage.* Journal of Entrepreneurial and Organizational Diversity, 1(1), 1-22.

Capítulo 6. Indicadores económicos y sociales

- INE. (2024). *Encuesta de población activa, indicadores sociales y medioambientales.* Madrid.
- Eurostat. (2024). *Living conditions in Europe.* Luxemburgo: Oficina de Publicaciones de la Unión Europea.
- UNICEF España. (2023). *Estado mundial de la infancia: pobreza infantil y exclusión social en España.* Madrid.
- OECD. (2023). *Society at a glance: OECD social indicators.* París: OECD Publishing.
- PNUD. (2023). *Human development report.* Nueva York: Naciones Unidas.
- Fundación FOESSA. (2022). *Informe sobre exclusión y desarrollo social en España.* Cáritas Española.
- World Health Organization (WHO). (2022). *World health statistics.* Ginebra: WHO.

- UNESCO. (2021). *Global education monitoring report*. París: UNESCO.

Capítulo 7. Debate crítico: eficiencia vs. equidad

- Pareto, V. (1906). *Manuale di economia politica*. Milano: Società Editrice.
- Sen, A. (1992). *Inequality reexamined*. Cambridge: Harvard University Press.
- Sen, A. (1999). *Development as freedom*. Oxford: Oxford University Press.
- Stiglitz, J. E. (2012). *The price of inequality*. Nueva York: W. W. Norton.
- Atkinson, A. B. (2015). *Inequality: What can be done?* Cambridge: Harvard University Press.
- Piketty, T. (2014). *Capital in the twenty-first century*. Cambridge: Harvard University Press.
- Rawls, J. (1971). *A theory of justice*. Cambridge: Harvard University Press.
- Ostry, J. D., Berg, A., & Tsangarides, C. G. (2014). *Redistribution, inequality, and growth*. IMF Staff Discussion Note.

Capítulo 8. Conclusiones

(Este capítulo se apoya en todas las referencias anteriores, sin añadir fuentes nuevas específicas).